# 2022 – 2026

## 5-Year Monthly Planner

I. S. Anderson

# 2022 - 2026

## 5-Year Monthly Planner

Copyright © 2021 by I. S. Anderson

ISBN-10: 1-947399-26-8

**ISBN-13: 978-1-947399-26-6**



For more information regarding this publication, contact: **nahjpress@outlook.com**

First Printing, 2021

# 2022 – 2026

## 5-Year Monthly Planner

Belongs To:

_______________________________

# 2022

## JANUARY

| S | M | T | W | T | F | S |
|---|---|---|---|---|---|---|
|   |   |   |   |   |   | 1 |
| 2 | 3 | 4 | 5 | 6 | 7 | 8 |
| 9 | 10 | 11 | 12 | 13 | 14 | 15 |
| 16 | 17 | 18 | 19 | 20 | 21 | 22 |
| 23 | 24 | 25 | 26 | 27 | 28 | 29 |
| 30 | 31 |   |   |   |   |   |

## FEBRUARY

| S | M | T | W | T | F | S |
|---|---|---|---|---|---|---|
|   |   | 1 | 2 | 3 | 4 | 5 |
| 6 | 7 | 8 | 9 | 10 | 11 | 12 |
| 13 | 14 | 15 | 16 | 17 | 18 | 19 |
| 20 | 21 | 22 | 23 | 24 | 25 | 26 |
| 27 | 28 |   |   |   |   |   |

## MARCH

| S | M | T | W | T | F | S |
|---|---|---|---|---|---|---|
|   |   | 1 | 2 | 3 | 4 | 5 |
| 6 | 7 | 8 | 9 | 10 | 11 | 12 |
| 13 | 14 | 15 | 16 | 17 | 18 | 19 |
| 20 | 21 | 22 | 23 | 24 | 25 | 26 |
| 27 | 28 | 29 | 30 | 31 |   |   |

## APRIL

| S | M | T | W | T | F | S |
|---|---|---|---|---|---|---|
|   |   |   |   |   | 1 | 2 |
| 3 | 4 | 5 | 6 | 7 | 8 | 9 |
| 10 | 11 | 12 | 13 | 14 | 15 | 16 |
| 17 | 18 | 19 | 20 | 21 | 22 | 23 |
| 24 | 25 | 26 | 27 | 28 | 29 | 30 |

## MAY

| S | M | T | W | T | F | S |
|---|---|---|---|---|---|---|
| 1 | 2 | 3 | 4 | 5 | 6 | 7 |
| 8 | 9 | 10 | 11 | 12 | 13 | 14 |
| 15 | 16 | 17 | 18 | 19 | 20 | 21 |
| 22 | 23 | 24 | 25 | 26 | 27 | 28 |
| 29 | 30 | 31 |   |   |   |   |

## JUNE

| S | M | T | W | T | F | S |
|---|---|---|---|---|---|---|
|   |   |   | 1 | 2 | 3 | 4 |
| 5 | 6 | 7 | 8 | 9 | 10 | 11 |
| 12 | 13 | 14 | 15 | 16 | 17 | 18 |
| 19 | 20 | 21 | 22 | 23 | 24 | 25 |
| 26 | 27 | 28 | 29 | 30 |   |   |

## JULY

| S | M | T | W | T | F | S |
|---|---|---|---|---|---|---|
|   |   |   |   |   | 1 | 2 |
| 3 | 4 | 5 | 6 | 7 | 8 | 9 |
| 10 | 11 | 12 | 13 | 14 | 15 | 16 |
| 17 | 18 | 19 | 20 | 21 | 22 | 23 |
| 24 | 25 | 26 | 27 | 28 | 29 | 30 |
| 31 |   |   |   |   |   |   |

## AUGUST

| S | M | T | W | T | F | S |
|---|---|---|---|---|---|---|
|   | 1 | 2 | 3 | 4 | 5 | 6 |
| 7 | 8 | 9 | 10 | 11 | 12 | 13 |
| 14 | 15 | 16 | 17 | 18 | 19 | 20 |
| 21 | 22 | 23 | 24 | 25 | 26 | 27 |
| 28 | 29 | 30 | 31 |   |   |   |

## SEPTEMBER

| S | M | T | W | T | F | S |
|---|---|---|---|---|---|---|
|   |   |   |   | 1 | 2 | 3 |
| 4 | 5 | 6 | 7 | 8 | 9 | 10 |
| 11 | 12 | 13 | 14 | 15 | 16 | 17 |
| 18 | 19 | 20 | 21 | 22 | 23 | 24 |
| 25 | 26 | 27 | 28 | 29 | 30 |   |

## OCTOBER

| S | M | T | W | T | F | S |
|---|---|---|---|---|---|---|
|   |   |   |   |   |   | 1 |
| 2 | 3 | 4 | 5 | 6 | 7 | 8 |
| 9 | 10 | 11 | 12 | 13 | 14 | 15 |
| 16 | 17 | 18 | 19 | 20 | 21 | 22 |
| 23 | 24 | 25 | 26 | 27 | 28 | 29 |
| 30 | 31 |   |   |   |   |   |

## NOVEMBER

| S | M | T | W | T | F | S |
|---|---|---|---|---|---|---|
|   |   | 1 | 2 | 3 | 4 | 5 |
| 6 | 7 | 8 | 9 | 10 | 11 | 12 |
| 13 | 14 | 15 | 16 | 17 | 18 | 19 |
| 20 | 21 | 22 | 23 | 24 | 25 | 26 |
| 27 | 28 | 29 | 30 |   |   |   |

## DECEMBER

| S | M | T | W | T | F | S |
|---|---|---|---|---|---|---|
|   |   |   |   | 1 | 2 | 3 |
| 4 | 5 | 6 | 7 | 8 | 9 | 10 |
| 11 | 12 | 13 | 14 | 15 | 16 | 17 |
| 18 | 19 | 20 | 21 | 22 | 23 | 24 |
| 25 | 26 | 27 | 28 | 29 | 30 | 31 |

# 2023

## JANUARY

| S | M | T | W | T | F | S |
|---|---|---|---|---|---|---|
| 1 | 2 | 3 | 4 | 5 | 6 | 7 |
| 8 | 9 | 10 | 11 | 12 | 13 | 14 |
| 15 | 16 | 17 | 18 | 19 | 20 | 21 |
| 22 | 23 | 24 | 25 | 26 | 27 | 28 |
| 29 | 30 | 31 | | | | |

## FEBRUARY

| S | M | T | W | T | F | S |
|---|---|---|---|---|---|---|
| | | | 1 | 2 | 3 | 4 |
| 5 | 6 | 7 | 8 | 9 | 10 | 11 |
| 12 | 13 | 14 | 15 | 16 | 17 | 18 |
| 19 | 20 | 21 | 22 | 23 | 24 | 25 |
| 26 | 27 | 28 | | | | |

## MARCH

| S | M | T | W | T | F | S |
|---|---|---|---|---|---|---|
| | | | 1 | 2 | 3 | 4 |
| 5 | 6 | 7 | 8 | 9 | 10 | 11 |
| 12 | 13 | 14 | 15 | 16 | 17 | 18 |
| 19 | 20 | 21 | 22 | 23 | 24 | 25 |
| 26 | 27 | 28 | 29 | 30 | 31 | |

## APRIL

| S | M | T | W | T | F | S |
|---|---|---|---|---|---|---|
| | | | | | | 1 |
| 2 | 3 | 4 | 5 | 6 | 7 | 8 |
| 9 | 10 | 11 | 12 | 13 | 14 | 15 |
| 16 | 17 | 18 | 19 | 20 | 21 | 22 |
| 23 | 24 | 25 | 26 | 27 | 28 | 29 |
| 30 | | | | | | |

## MAY

| S | M | T | W | T | F | S |
|---|---|---|---|---|---|---|
| | 1 | 2 | 3 | 4 | 5 | 6 |
| 7 | 8 | 9 | 10 | 11 | 12 | 13 |
| 14 | 15 | 16 | 17 | 18 | 19 | 20 |
| 21 | 22 | 23 | 24 | 25 | 26 | 27 |
| 28 | 29 | 30 | 31 | | | |

## JUNE

| S | M | T | W | T | F | S |
|---|---|---|---|---|---|---|
| | | | | 1 | 2 | 3 |
| 4 | 5 | 6 | 7 | 8 | 9 | 10 |
| 11 | 12 | 13 | 14 | 15 | 16 | 17 |
| 18 | 19 | 20 | 21 | 22 | 23 | 24 |
| 25 | 26 | 27 | 28 | 29 | 30 | |

## JULY

| S | M | T | W | T | F | S |
|---|---|---|---|---|---|---|
| | | | | | | 1 |
| 2 | 3 | 4 | 5 | 6 | 7 | 8 |
| 9 | 10 | 11 | 12 | 13 | 14 | 15 |
| 16 | 17 | 18 | 19 | 20 | 21 | 22 |
| 23 | 24 | 25 | 26 | 27 | 28 | 29 |
| 30 | 31 | | | | | |

## AUGUST

| S | M | T | W | T | F | S |
|---|---|---|---|---|---|---|
| | | 1 | 2 | 3 | 4 | 5 |
| 6 | 7 | 8 | 9 | 10 | 11 | 12 |
| 13 | 14 | 15 | 16 | 17 | 18 | 19 |
| 20 | 21 | 22 | 23 | 24 | 25 | 26 |
| 27 | 28 | 29 | 30 | 31 | | |

## SEPTEMBER

| S | M | T | W | T | F | S |
|---|---|---|---|---|---|---|
| | | | | | 1 | 2 |
| 3 | 4 | 5 | 6 | 7 | 8 | 9 |
| 10 | 11 | 12 | 13 | 14 | 15 | 16 |
| 17 | 18 | 19 | 20 | 21 | 22 | 23 |
| 24 | 25 | 26 | 27 | 28 | 29 | 30 |

## OCTOBER

| S | M | T | W | T | F | S |
|---|---|---|---|---|---|---|
| 1 | 2 | 3 | 4 | 5 | 6 | 7 |
| 8 | 9 | 10 | 11 | 12 | 13 | 14 |
| 15 | 16 | 17 | 18 | 19 | 20 | 21 |
| 22 | 23 | 24 | 25 | 26 | 27 | 28 |
| 29 | 30 | 31 | | | | |

## NOVEMBER

| S | M | T | W | T | F | S |
|---|---|---|---|---|---|---|
| | | | 1 | 2 | 3 | 4 |
| 5 | 6 | 7 | 8 | 9 | 10 | 11 |
| 12 | 13 | 14 | 15 | 16 | 17 | 18 |
| 19 | 20 | 21 | 22 | 23 | 24 | 25 |
| 26 | 27 | 28 | 29 | 30 | | |

## DECEMBER

| S | M | T | W | T | F | S |
|---|---|---|---|---|---|---|
| | | | | | 1 | 2 |
| 3 | 4 | 5 | 6 | 7 | 8 | 9 |
| 10 | 11 | 12 | 13 | 14 | 15 | 16 |
| 17 | 18 | 19 | 20 | 21 | 22 | 23 |
| 24 | 25 | 26 | 27 | 28 | 29 | 30 |
| 31 | | | | | | |

# 2024

## JANUARY

| S | M | T | W | T | F | S |
|---|---|---|---|---|---|---|
|   | 1 | 2 | 3 | 4 | 5 | 6 |
| 7 | 8 | 9 | 10 | 11 | 12 | 13 |
| 14 | 15 | 16 | 17 | 18 | 19 | 20 |
| 21 | 22 | 23 | 24 | 25 | 26 | 27 |
| 28 | 29 | 30 | 31 |   |   |   |

## FEBRUARY

| S | M | T | W | T | F | S |
|---|---|---|---|---|---|---|
|   |   |   |   | 1 | 2 | 3 |
| 4 | 5 | 6 | 7 | 8 | 9 | 10 |
| 11 | 12 | 13 | 14 | 15 | 16 | 17 |
| 18 | 19 | 20 | 21 | 22 | 23 | 24 |
| 25 | 26 | 27 | 28 | 29 |   |   |

## MARCH

| S | M | T | W | T | F | S |
|---|---|---|---|---|---|---|
|   |   |   |   |   | 1 | 2 |
| 3 | 4 | 5 | 6 | 7 | 8 | 9 |
| 10 | 11 | 12 | 13 | 14 | 15 | 16 |
| 17 | 18 | 19 | 20 | 21 | 22 | 23 |
| 24 | 25 | 26 | 27 | 28 | 29 | 30 |
| 31 |   |   |   |   |   |   |

## APRIL

| S | M | T | W | T | F | S |
|---|---|---|---|---|---|---|
|   | 1 | 2 | 3 | 4 | 5 | 6 |
| 7 | 8 | 9 | 10 | 11 | 12 | 13 |
| 14 | 15 | 16 | 17 | 18 | 19 | 20 |
| 21 | 22 | 23 | 24 | 25 | 26 | 27 |
| 28 | 29 | 30 |   |   |   |   |

## MAY

| S | M | T | W | T | F | S |
|---|---|---|---|---|---|---|
|   |   |   | 1 | 2 | 3 | 4 |
| 5 | 6 | 7 | 8 | 9 | 10 | 11 |
| 12 | 13 | 14 | 15 | 16 | 17 | 18 |
| 19 | 20 | 21 | 22 | 23 | 24 | 25 |
| 26 | 27 | 28 | 29 | 30 | 31 |   |

## JUNE

| S | M | T | W | T | F | S |
|---|---|---|---|---|---|---|
|   |   |   |   |   |   | 1 |
| 2 | 3 | 4 | 5 | 6 | 7 | 8 |
| 9 | 10 | 11 | 12 | 13 | 14 | 15 |
| 16 | 17 | 18 | 19 | 20 | 21 | 22 |
| 23 | 24 | 25 | 26 | 27 | 28 | 29 |
| 30 |   |   |   |   |   |   |

## JULY

| S | M | T | W | T | F | S |
|---|---|---|---|---|---|---|
|   | 1 | 2 | 3 | 4 | 5 | 6 |
| 7 | 8 | 9 | 10 | 11 | 12 | 13 |
| 14 | 15 | 16 | 17 | 18 | 19 | 20 |
| 21 | 22 | 23 | 24 | 25 | 26 | 27 |
| 28 | 29 | 30 | 31 |   |   |   |

## AUGUST

| S | M | T | W | T | F | S |
|---|---|---|---|---|---|---|
|   |   |   |   | 1 | 2 | 3 |
| 4 | 5 | 6 | 7 | 8 | 9 | 10 |
| 11 | 12 | 13 | 14 | 15 | 16 | 17 |
| 18 | 19 | 20 | 21 | 22 | 23 | 24 |
| 25 | 26 | 27 | 28 | 29 | 30 | 31 |

## SEPTEMBER

| S | M | T | W | T | F | S |
|---|---|---|---|---|---|---|
| 1 | 2 | 3 | 4 | 5 | 6 | 7 |
| 8 | 9 | 10 | 11 | 12 | 13 | 14 |
| 15 | 16 | 17 | 18 | 19 | 20 | 21 |
| 22 | 23 | 24 | 25 | 26 | 27 | 28 |
| 29 | 30 |   |   |   |   |   |

## OCTOBER

| S | M | T | W | T | F | S |
|---|---|---|---|---|---|---|
|   |   | 1 | 2 | 3 | 4 | 5 |
| 6 | 7 | 8 | 9 | 10 | 11 | 12 |
| 13 | 14 | 15 | 16 | 17 | 18 | 19 |
| 20 | 21 | 22 | 23 | 24 | 25 | 26 |
| 27 | 28 | 29 | 30 | 31 |   |   |

## NOVEMBER

| S | M | T | W | T | F | S |
|---|---|---|---|---|---|---|
|   |   |   |   |   | 1 | 2 |
| 3 | 4 | 5 | 6 | 7 | 8 | 9 |
| 10 | 11 | 12 | 13 | 14 | 15 | 16 |
| 17 | 18 | 19 | 20 | 21 | 22 | 23 |
| 24 | 25 | 26 | 27 | 28 | 29 | 30 |

## DECEMBER

| S | M | T | W | T | F | S |
|---|---|---|---|---|---|---|
| 1 | 2 | 3 | 4 | 5 | 6 | 7 |
| 8 | 9 | 10 | 11 | 12 | 13 | 14 |
| 15 | 16 | 17 | 18 | 19 | 20 | 21 |
| 22 | 23 | 24 | 25 | 26 | 27 | 28 |
| 29 | 30 | 31 |   |   |   |   |

# 2025

## JANUARY

| S | M | T | W | T | F | S |
|---|---|---|---|---|---|---|
|  |  |  | 1 | 2 | 3 | 4 |
| 5 | 6 | 7 | 8 | 9 | 10 | 11 |
| 12 | 13 | 14 | 15 | 16 | 17 | 18 |
| 19 | 20 | 21 | 22 | 23 | 24 | 25 |
| 26 | 27 | 28 | 29 | 30 | 31 |  |

## FEBRUARY

| S | M | T | W | T | F | S |
|---|---|---|---|---|---|---|
|  |  |  |  |  |  | 1 |
| 2 | 3 | 4 | 5 | 6 | 7 | 8 |
| 9 | 10 | 11 | 12 | 13 | 14 | 15 |
| 16 | 17 | 18 | 19 | 20 | 21 | 22 |
| 23 | 24 | 25 | 26 | 27 | 28 |  |

## MARCH

| S | M | T | W | T | F | S |
|---|---|---|---|---|---|---|
|  |  |  |  |  |  | 1 |
| 2 | 3 | 4 | 5 | 6 | 7 | 8 |
| 9 | 10 | 11 | 12 | 13 | 14 | 15 |
| 16 | 17 | 18 | 19 | 20 | 21 | 22 |
| 23 | 24 | 25 | 26 | 27 | 28 | 29 |
| 30 | 31 |  |  |  |  |  |

## APRIL

| S | M | T | W | T | F | S |
|---|---|---|---|---|---|---|
|  |  | 1 | 2 | 3 | 4 | 5 |
| 6 | 7 | 8 | 9 | 10 | 11 | 12 |
| 13 | 14 | 15 | 16 | 17 | 18 | 19 |
| 20 | 21 | 22 | 23 | 24 | 25 | 26 |
| 27 | 28 | 29 | 30 |  |  |  |

## MAY

| S | M | T | W | T | F | S |
|---|---|---|---|---|---|---|
|  |  |  |  | 1 | 2 | 3 |
| 4 | 5 | 6 | 7 | 8 | 9 | 10 |
| 11 | 12 | 13 | 14 | 15 | 16 | 17 |
| 18 | 19 | 20 | 21 | 22 | 23 | 24 |
| 25 | 26 | 27 | 28 | 29 | 30 | 31 |

## JUNE

| S | M | T | W | T | F | S |
|---|---|---|---|---|---|---|
| 1 | 2 | 3 | 4 | 5 | 6 | 7 |
| 8 | 9 | 10 | 11 | 12 | 13 | 14 |
| 15 | 16 | 17 | 18 | 19 | 20 | 21 |
| 22 | 23 | 24 | 25 | 26 | 27 | 28 |
| 29 | 30 |  |  |  |  |  |

## JULY

| S | M | T | W | T | F | S |
|---|---|---|---|---|---|---|
|  |  | 1 | 2 | 3 | 4 | 5 |
| 6 | 7 | 8 | 9 | 10 | 11 | 12 |
| 13 | 14 | 15 | 16 | 17 | 18 | 19 |
| 20 | 21 | 22 | 23 | 24 | 25 | 26 |
| 27 | 28 | 29 | 30 | 31 |  |  |

## AUGUST

| S | M | T | W | T | F | S |
|---|---|---|---|---|---|---|
|  |  |  |  |  | 1 | 2 |
| 3 | 4 | 5 | 6 | 7 | 8 | 9 |
| 10 | 11 | 12 | 13 | 14 | 15 | 16 |
| 17 | 18 | 19 | 20 | 21 | 22 | 23 |
| 24 | 25 | 26 | 27 | 28 | 29 | 30 |
| 31 |  |  |  |  |  |  |

## SEPTEMBER

| S | M | T | W | T | F | S |
|---|---|---|---|---|---|---|
|  | 1 | 2 | 3 | 4 | 5 | 6 |
| 7 | 8 | 9 | 10 | 11 | 12 | 13 |
| 14 | 15 | 16 | 17 | 18 | 19 | 20 |
| 21 | 22 | 23 | 24 | 25 | 26 | 27 |
| 28 | 29 | 30 |  |  |  |  |

## OCTOBER

| S | M | T | W | T | F | S |
|---|---|---|---|---|---|---|
|  |  |  | 1 | 2 | 3 | 4 |
| 5 | 6 | 7 | 8 | 9 | 10 | 11 |
| 12 | 13 | 14 | 15 | 16 | 17 | 18 |
| 19 | 20 | 21 | 22 | 23 | 24 | 25 |
| 26 | 27 | 28 | 29 | 30 | 31 |  |

## NOVEMBER

| S | M | T | W | T | F | S |
|---|---|---|---|---|---|---|
|  |  |  |  |  |  | 1 |
| 2 | 3 | 4 | 5 | 6 | 7 | 8 |
| 9 | 10 | 11 | 12 | 13 | 14 | 15 |
| 16 | 17 | 18 | 19 | 20 | 21 | 22 |
| 23 | 24 | 25 | 26 | 27 | 28 | 29 |
| 30 |  |  |  |  |  |  |

## DECEMBER

| S | M | T | W | T | F | S |
|---|---|---|---|---|---|---|
|  | 1 | 2 | 3 | 4 | 5 | 6 |
| 7 | 8 | 9 | 10 | 11 | 12 | 13 |
| 14 | 15 | 16 | 17 | 18 | 19 | 20 |
| 21 | 22 | 23 | 24 | 25 | 26 | 27 |
| 28 | 29 | 30 | 31 |  |  |  |

# 2026

## JANUARY

| S | M | T | W | T | F | S |
|---|---|---|---|---|---|---|
|  |  |  |  | 1 | 2 | 3 |
| 4 | 5 | 6 | 7 | 8 | 9 | 10 |
| 11 | 12 | 13 | 14 | 15 | 16 | 17 |
| 18 | 19 | 20 | 21 | 22 | 23 | 24 |
| 25 | 26 | 27 | 28 | 29 | 30 | 31 |

## FEBRUARY

| S | M | T | W | T | F | S |
|---|---|---|---|---|---|---|
| 1 | 2 | 3 | 4 | 5 | 6 | 7 |
| 8 | 9 | 10 | 11 | 12 | 13 | 14 |
| 15 | 16 | 17 | 18 | 19 | 20 | 21 |
| 22 | 23 | 24 | 25 | 26 | 27 | 28 |

## MARCH

| S | M | T | W | T | F | S |
|---|---|---|---|---|---|---|
| 1 | 2 | 3 | 4 | 5 | 6 | 7 |
| 8 | 9 | 10 | 11 | 12 | 13 | 14 |
| 15 | 16 | 17 | 18 | 19 | 20 | 21 |
| 22 | 23 | 24 | 25 | 26 | 27 | 28 |
| 29 | 30 | 31 |  |  |  |  |

## APRIL

| S | M | T | W | T | F | S |
|---|---|---|---|---|---|---|
|  |  |  | 1 | 2 | 3 | 4 |
| 5 | 6 | 7 | 8 | 9 | 10 | 11 |
| 12 | 13 | 14 | 15 | 16 | 17 | 18 |
| 19 | 20 | 21 | 22 | 23 | 24 | 25 |
| 26 | 27 | 28 | 29 | 30 |  |  |

## MAY

| S | M | T | W | T | F | S |
|---|---|---|---|---|---|---|
|  |  |  |  |  | 1 | 2 |
| 3 | 4 | 5 | 6 | 7 | 8 | 9 |
| 10 | 11 | 12 | 13 | 14 | 15 | 16 |
| 17 | 18 | 19 | 20 | 21 | 22 | 23 |
| 24 | 25 | 26 | 27 | 28 | 29 | 30 |
| 31 |  |  |  |  |  |  |

## JUNE

| S | M | T | W | T | F | S |
|---|---|---|---|---|---|---|
|  | 1 | 2 | 3 | 4 | 5 | 6 |
| 7 | 8 | 9 | 10 | 11 | 12 | 13 |
| 14 | 15 | 16 | 17 | 18 | 19 | 20 |
| 21 | 22 | 23 | 24 | 25 | 26 | 27 |
| 28 | 29 | 30 |  |  |  |  |

## JULY

| S | M | T | W | T | F | S |
|---|---|---|---|---|---|---|
|  |  |  | 1 | 2 | 3 | 4 |
| 5 | 6 | 7 | 8 | 9 | 10 | 11 |
| 12 | 13 | 14 | 15 | 16 | 17 | 18 |
| 19 | 20 | 21 | 22 | 23 | 24 | 25 |
| 26 | 27 | 28 | 29 | 30 | 31 |  |

## AUGUST

| S | M | T | W | T | F | S |
|---|---|---|---|---|---|---|
|  |  |  |  |  |  | 1 |
| 2 | 3 | 4 | 5 | 6 | 7 | 8 |
| 9 | 10 | 11 | 12 | 13 | 14 | 15 |
| 16 | 17 | 18 | 19 | 20 | 21 | 22 |
| 23 | 24 | 25 | 26 | 27 | 28 | 29 |
| 30 | 31 |  |  |  |  |  |

## SEPTEMBER

| S | M | T | W | T | F | S |
|---|---|---|---|---|---|---|
|  |  | 1 | 2 | 3 | 4 | 5 |
| 6 | 7 | 8 | 9 | 10 | 11 | 12 |
| 13 | 14 | 15 | 16 | 17 | 18 | 19 |
| 20 | 21 | 22 | 23 | 24 | 25 | 26 |
| 27 | 28 | 29 | 30 |  |  |  |

## OCTOBER

| S | M | T | W | T | F | S |
|---|---|---|---|---|---|---|
|  |  |  |  | 1 | 2 | 3 |
| 4 | 5 | 6 | 7 | 8 | 9 | 10 |
| 11 | 12 | 13 | 14 | 15 | 16 | 17 |
| 18 | 19 | 20 | 21 | 22 | 23 | 24 |
| 25 | 26 | 27 | 28 | 29 | 30 | 31 |

## NOVEMBER

| S | M | T | W | T | F | S |
|---|---|---|---|---|---|---|
| 1 | 2 | 3 | 4 | 5 | 6 | 7 |
| 8 | 9 | 10 | 11 | 12 | 13 | 14 |
| 15 | 16 | 17 | 18 | 19 | 20 | 21 |
| 22 | 23 | 24 | 25 | 26 | 27 | 28 |
| 29 | 30 |  |  |  |  |  |

## DECEMBER

| S | M | T | W | T | F | S |
|---|---|---|---|---|---|---|
|  |  | 1 | 2 | 3 | 4 | 5 |
| 6 | 7 | 8 | 9 | 10 | 11 | 12 |
| 13 | 14 | 15 | 16 | 17 | 18 | 19 |
| 20 | 21 | 22 | 23 | 24 | 25 | 26 |
| 27 | 28 | 29 | 30 | 31 |  |  |

# 2027

## JANUARY

| S | M | T | W | T | F | S |
|---|---|---|---|---|---|---|
|   |   |   |   |   | 1 | 2 |
| 3 | 4 | 5 | 6 | 7 | 8 | 9 |
| 10 | 11 | 12 | 13 | 14 | 15 | 16 |
| 17 | 18 | 19 | 20 | 21 | 22 | 23 |
| 24 | 25 | 26 | 27 | 28 | 29 | 30 |
| 31 |   |   |   |   |   |   |

## FEBRUARY

| S | M | T | W | T | F | S |
|---|---|---|---|---|---|---|
|   | 1 | 2 | 3 | 4 | 5 | 6 |
| 7 | 8 | 9 | 10 | 11 | 12 | 13 |
| 14 | 15 | 16 | 17 | 18 | 19 | 20 |
| 21 | 22 | 23 | 24 | 25 | 26 | 27 |
| 28 |   |   |   |   |   |   |

## MARCH

| S | M | T | W | T | F | S |
|---|---|---|---|---|---|---|
|   | 1 | 2 | 3 | 4 | 5 | 6 |
| 7 | 8 | 9 | 10 | 11 | 12 | 13 |
| 14 | 15 | 16 | 17 | 18 | 19 | 20 |
| 21 | 22 | 23 | 24 | 25 | 26 | 27 |
| 28 | 29 | 30 | 31 |   |   |   |

## APRIL

| S | M | T | W | T | F | S |
|---|---|---|---|---|---|---|
|   |   |   |   | 1 | 2 | 3 |
| 4 | 5 | 6 | 7 | 8 | 9 | 10 |
| 11 | 12 | 13 | 14 | 15 | 16 | 17 |
| 18 | 19 | 20 | 21 | 22 | 23 | 24 |
| 25 | 26 | 27 | 28 | 29 | 30 |   |

## MAY

| S | M | T | W | T | F | S |
|---|---|---|---|---|---|---|
|   |   |   |   |   |   | 1 |
| 2 | 3 | 4 | 5 | 6 | 7 | 8 |
| 9 | 10 | 11 | 12 | 13 | 14 | 15 |
| 16 | 17 | 18 | 19 | 20 | 21 | 22 |
| 23 | 24 | 25 | 26 | 27 | 28 | 29 |
| 30 | 31 |   |   |   |   |   |

## JUNE

| S | M | T | W | T | F | S |
|---|---|---|---|---|---|---|
|   |   | 1 | 2 | 3 | 4 | 5 |
| 6 | 7 | 8 | 9 | 10 | 11 | 12 |
| 13 | 14 | 15 | 16 | 17 | 18 | 19 |
| 20 | 21 | 22 | 23 | 24 | 25 | 26 |
| 27 | 28 | 29 | 30 |   |   |   |

## JULY

| S | M | T | W | T | F | S |
|---|---|---|---|---|---|---|
|   |   |   |   | 1 | 2 | 3 |
| 4 | 5 | 6 | 7 | 8 | 9 | 10 |
| 11 | 12 | 13 | 14 | 15 | 16 | 17 |
| 18 | 19 | 20 | 21 | 22 | 23 | 24 |
| 25 | 26 | 27 | 28 | 29 | 30 | 31 |

## AUGUST

| S | M | T | W | T | F | S |
|---|---|---|---|---|---|---|
| 1 | 2 | 3 | 4 | 5 | 6 | 7 |
| 8 | 9 | 10 | 11 | 12 | 13 | 14 |
| 15 | 16 | 17 | 18 | 19 | 20 | 21 |
| 22 | 23 | 24 | 25 | 26 | 27 | 28 |
| 29 | 30 | 31 |   |   |   |   |

## SEPTEMBER

| S | M | T | W | T | F | S |
|---|---|---|---|---|---|---|
|   |   |   | 1 | 2 | 3 | 4 |
| 5 | 6 | 7 | 8 | 9 | 10 | 11 |
| 12 | 13 | 14 | 15 | 16 | 17 | 18 |
| 19 | 20 | 21 | 22 | 23 | 24 | 25 |
| 26 | 27 | 28 | 29 | 30 |   |   |

## OCTOBER

| S | M | T | W | T | F | S |
|---|---|---|---|---|---|---|
|   |   |   |   |   | 1 | 2 |
| 3 | 4 | 5 | 6 | 7 | 8 | 9 |
| 10 | 11 | 12 | 13 | 14 | 15 | 16 |
| 17 | 18 | 19 | 20 | 21 | 22 | 23 |
| 24 | 25 | 26 | 27 | 28 | 29 | 30 |
| 31 |   |   |   |   |   |   |

## NOVEMBER

| S | M | T | W | T | F | S |
|---|---|---|---|---|---|---|
|   | 1 | 2 | 3 | 4 | 5 | 6 |
| 7 | 8 | 9 | 10 | 11 | 12 | 13 |
| 14 | 15 | 16 | 17 | 18 | 19 | 20 |
| 21 | 22 | 23 | 24 | 25 | 26 | 27 |
| 28 | 29 | 30 |   |   |   |   |

## DECEMBER

| S | M | T | W | T | F | S |
|---|---|---|---|---|---|---|
|   |   |   | 1 | 2 | 3 | 4 |
| 5 | 6 | 7 | 8 | 9 | 10 | 11 |
| 12 | 13 | 14 | 15 | 16 | 17 | 18 |
| 19 | 20 | 21 | 22 | 23 | 24 | 25 |
| 26 | 27 | 28 | 29 | 30 | 31 |   |

# 2022

| January | February | March | April | May | June |
|---|---|---|---|---|---|
| 1 S | 1 T | 1 T | 1 F | 1 S | 1 W |
| 2 S | 2 W | 2 W | 2 S | 2 M | 2 T |
| 3 M | 3 T | 3 T | 3 S | 3 T | 3 F |
| 4 T | 4 F | 4 F | 4 M | 4 W | 4 S |
| 5 W | 5 S | 5 S | 5 T | 5 T | 5 S |
| 6 T | 6 S | 6 S | 6 W | 6 F | 6 M |
| 7 F | 7 M | 7 M | 7 T | 7 S | 7 T |
| 8 S | 8 T | 8 T | 8 F | 8 S | 8 W |
| 9 S | 9 W | 9 W | 9 S | 9 M | 9 T |
| 10 M | 10 T | 10 T | 10 S | 10 T | 10 F |
| 11 T | 11 F | 11 F | 11 M | 11 W | 11 S |
| 12 W | 12 S | 12 S | 12 T | 12 T | 12 S |
| 13 T | 13 S | 13 S | 13 W | 13 F | 13 M |
| 14 F | 14 M | 14 M | 14 T | 14 S | 14 T |
| 15 S | 15 T | 15 T | 15 F | 15 S | 15 W |
| 16 S | 16 W | 16 W | 16 S | 16 M | 16 T |
| 17 M | 17 T | 17 T | 17 S | 17 T | 17 F |
| 18 T | 18 F | 18 F | 18 M | 18 W | 18 S |
| 19 W | 19 S | 19 S | 19 T | 19 T | 19 S |
| 20 T | 20 S | 20 S | 20 W | 20 F | 20 M |
| 21 F | 21 M | 21 M | 21 T | 21 S | 21 T |
| 22 S | 22 T | 22 T | 22 F | 22 S | 22 W |
| 23 S | 23 W | 23 W | 23 S | 23 M | 23 T |
| 24 M | 24 T | 24 T | 24 S | 24 T | 24 F |
| 25 T | 25 F | 25 F | 25 M | 25 W | 25 S |
| 26 W | 26 S | 26 S | 26 T | 26 T | 26 S |
| 27 T | 27 S | 27 S | 27 W | 27 F | 27 M |
| 28 F | 28 M | 28 M | 28 T | 28 S | 28 T |
| 29 S | | 29 T | 29 F | 29 S | 29 W |
| 30 S | | 30 W | 30 S | 30 M | 30 T |
| 31 M | | 31 T | | 31 T | |

| July | August | September | October | November | December |
| --- | --- | --- | --- | --- | --- |
| 1 F | 1 M | 1 T | 1 S | 1 T | 1 T |
| 2 S | 2 T | 2 F | 2 S | 2 W | 2 F |
| 3 S | 3 W | 3 S | 3 M | 3 T | 3 S |
| 4 M | 4 T | 4 S | 4 T | 4 F | 4 S |
| 5 T | 5 F | 5 M | 5 W | 5 S | 5 M |
| 6 W | 6 S | 6 T | 6 T | 6 S | 6 T |
| 7 T | 7 S | 7 W | 7 F | 7 M | 7 W |
| 8 F | 8 M | 8 T | 8 S | 8 T | 8 T |
| 9 S | 9 T | 9 F | 9 S | 9 W | 9 F |
| 10 S | 10 W | 10 S | 10 M | 10 T | 10 S |
| 11 M | 11 T | 11 S | 11 T | 11 F | 11 S |
| 12 T | 12 F | 12 M | 12 W | 12 S | 12 M |
| 13 W | 13 S | 13 T | 13 T | 13 S | 13 T |
| 14 T | 14 S | 14 W | 14 F | 14 M | 14 W |
| 15 F | 15 M | 15 T | 15 S | 15 T | 15 T |
| 16 S | 16 T | 16 F | 16 S | 16 W | 16 F |
| 17 S | 17 W | 17 S | 17 M | 17 T | 17 S |
| 18 M | 18 T | 18 S | 18 T | 18 F | 18 S |
| 19 T | 19 F | 19 M | 19 W | 19 S | 19 M |
| 20 W | 20 S | 20 T | 20 T | 20 S | 20 T |
| 21 T | 21 S | 21 W | 21 F | 21 M | 21 W |
| 22 F | 22 M | 22 T | 22 S | 22 T | 22 T |
| 23 S | 23 T | 23 F | 23 S | 23 W | 23 F |
| 24 S | 24 W | 24 S | 24 M | 24 T | 24 S |
| 25 M | 25 T | 25 S | 25 T | 25 F | 25 S |
| 26 T | 26 F | 26 M | 26 W | 26 S | 26 M |
| 27 W | 27 S | 27 T | 27 T | 27 S | 27 T |
| 28 T | 28 S | 28 W | 28 F | 28 M | 28 W |
| 29 F | 29 M | 29 T | 29 S | 29 T | 29 T |
| 30 S | 30 T | 30 F | 30 S | 30 W | 30 F |
| 31 S | 31 W |  | 31 M |  | 31 S |

# JANUARY 2022

| SUNDAY | MONDAY | TUESDAY | WEDNESDAY |
|---|---|---|---|
|  |  |  |  |
| 2 | 3 | 4 | 5 |
| 9 | 10 | 11 | 12 |
| 16 | 17<br><br>Martin Luther King Jr. Day | 18 | 19 |
| 23 | 24 | 25 | 26 |
| 30 | 31 |  |  |

**DECEMBER 2021**

| S | M | T | W | T | F | S |
|---|---|---|---|---|---|---|
|  |  |  | 1 | 2 | 3 | 4 |
| 5 | 6 | 7 | 8 | 9 | 10 | 11 |
| 12 | 13 | 14 | 15 | 16 | 17 | 18 |
| 19 | 20 | 21 | 22 | 23 | 24 | 25 |
| 26 | 27 | 28 | 29 | 30 | 31 |  |

**JANUARY**

| S | M | T | W | T | F | S |
|---|---|---|---|---|---|---|
|  |  |  |  |  |  | 1 |
| 2 | 3 | 4 | 5 | 6 | 7 | 8 |
| 9 | 10 | 11 | 12 | 13 | 14 | 15 |
| 16 | 17 | 18 | 19 | 20 | 21 | 22 |
| 23 | 24 | 25 | 26 | 27 | 28 | 29 |
| 30 | 31 |  |  |  |  |  |

| THURSDAY | FRIDAY | SATURDAY | NOTES |
|---|---|---|---|
| | | 1<br><br>New Year's Day | |
| 6 | 7 | 8 | |
| 13 | 14 | 15 | |
| 20 | 21 | 22 | |
| 27 | 28 | 29 | |
| □ | □ | □ | |
| □ | □ | □ | |
| □ | □ | □ | |
| □ | □ | □ | |
| □ | □ | □ | |

# FEBRUARY 2022

| SUNDAY | MONDAY | TUESDAY | WEDNESDAY |
|---|---|---|---|
|  |  | 1 | 2 |
| 6 | 7 | 8 | 9 |
| 13 | 14 | 15 | 16 |
| 20 | 21 Presidents' Day | 22 | 23 |
| 27 | 28 |  |  |

**JANUARY**

| S | M | T | W | T | F | S |
|---|---|---|---|---|---|---|
|  |  |  |  |  |  | 1 |
| 2 | 3 | 4 | 5 | 6 | 7 | 8 |
| 9 | 10 | 11 | 12 | 13 | 14 | 15 |
| 16 | 17 | 18 | 19 | 20 | 21 | 22 |
| 23 | 24 | 25 | 26 | 27 | 28 | 29 |
| 30 | 31 |  |  |  |  |  |

**FEBRUARY**

| S | M | T | W | T | F | S |
|---|---|---|---|---|---|---|
|  |  | 1 | 2 | 3 | 4 | 5 |
| 6 | 7 | 8 | 9 | 10 | 11 | 12 |
| 13 | 14 | 15 | 16 | 17 | 18 | 19 |
| 20 | 21 | 22 | 23 | 24 | 25 | 26 |
| 27 | 28 |  |  |  |  |  |

**MARCH**

| S | M | T | W | T | F | S |
|---|---|---|---|---|---|---|
|  |  | 1 | 2 | 3 | 4 | 5 |
| 6 | 7 | 8 | 9 | 10 | 11 | 12 |
| 13 | 14 | 15 | 16 | 17 | 18 | 19 |
| 20 | 21 | 22 | 23 | 24 | 25 | 26 |
| 27 | 28 | 29 | 30 | 31 |  |  |

| THURSDAY | FRIDAY | SATURDAY | NOTES |
|---|---|---|---|
| 3 | 4 | 5 | |
| 10 | 11 | 12 | |
| 17 | 18 | 19 | |
| 24 | 25 | 26 | |

# MARCH 2022

| SUNDAY | MONDAY | TUESDAY | WEDNESDAY |
|---|---|---|---|
|  |  | 1 | 2 |
| 6 | 7 | 8 | 9 |
| 13 | 14 | 15 | 16 |
| 20 | 21 | 22 | 23 |
| 27 | 28 | 29 | 30 |

**FEBRUARY**

| S | M | T | W | T | F | S |
|---|---|---|---|---|---|---|
|  |  | 1 | 2 | 3 | 4 | 5 |
| 6 | 7 | 8 | 9 | 10 | 11 | 12 |
| 13 | 14 | 15 | 16 | 17 | 18 | 19 |
| 20 | 21 | 22 | 23 | 24 | 25 | 26 |
| 27 | 28 |  |  |  |  |  |

**MARCH**

| S | M | T | W | T | F | S |
|---|---|---|---|---|---|---|
|  |  | 1 | 2 | 3 | 4 | 5 |
| 6 | 7 | 8 | 9 | 10 | 11 | 12 |
| 13 | 14 | 15 | 16 | 17 | 18 | 19 |
| 20 | 21 | 22 | 23 | 24 | 25 | 26 |
| 27 | 28 | 29 | 30 | 31 |  |  |

**APRIL**

| S | M | T | W | T | F | S |
|---|---|---|---|---|---|---|
|  |  |  |  |  | 1 | 2 |
| 3 | 4 | 5 | 6 | 7 | 8 | 9 |
| 10 | 11 | 12 | 13 | 14 | 15 | 16 |
| 17 | 18 | 19 | 20 | 21 | 22 | 23 |
| 24 | 25 | 26 | 27 | 28 | 29 | 30 |

| THURSDAY | FRIDAY | SATURDAY | NOTES |
|---|---|---|---|
| 3 | 4 | 5 | |
| 10 | 11 | 12 | |
| 17 | 18 | 19 | |
| 24 | 25 | 26 | |
| 31 | | | |

# APRIL 2022

| SUNDAY | MONDAY | TUESDAY | WEDNESDAY |
|---|---|---|---|
|  |  |  |  |
| 3 | 4 | 5 | 6 |
| 10 | 11 | 12 | 13 |
| 17 | 18 | 19 | 20 |
| 24 | 25 | 26 | 27 |

MARCH

| S | M | T | W | T | F | S |
|---|---|---|---|---|---|---|
|  |  | 1 | 2 | 3 | 4 | 5 |
| 6 | 7 | 8 | 9 | 10 | 11 | 12 |
| 13 | 14 | 15 | 16 | 17 | 18 | 19 |
| 20 | 21 | 22 | 23 | 24 | 25 | 26 |
| 27 | 28 | 29 | 30 | 31 |  |  |

APRIL

| S | M | T | W | T | F | S |
|---|---|---|---|---|---|---|
|  |  |  |  |  | 1 | 2 |
| 3 | 4 | 5 | 6 | 7 | 8 | 9 |
| 10 | 11 | 12 | 13 | 14 | 15 | 16 |
| 17 | 18 | 19 | 20 | 21 | 22 | 23 |
| 24 | 25 | 26 | 27 | 28 | 29 | 30 |

MAY

| S | M | T | W | T | F | S |
|---|---|---|---|---|---|---|
| 1 | 2 | 3 | 4 | 5 | 6 | 7 |
| 8 | 9 | 10 | 11 | 12 | 13 | 14 |
| 15 | 16 | 17 | 18 | 19 | 20 | 21 |
| 22 | 23 | 24 | 25 | 26 | 27 | 28 |
| 29 | 30 | 31 |  |  |  |  |

| THURSDAY | FRIDAY | SATURDAY | NOTES |
|---|---|---|---|
|  | 1 | 2 |  |
| 7 | 8 | 9 |  |
| 14 | 15 | 16 |  |
| 21 | 22 | 23 |  |
| 28 | 29 | 30 |  |
| ☐ | ☐ | ☐ |  |
| ☐ | ☐ | ☐ |  |
| ☐ | ☐ | ☐ |  |
| ☐ | ☐ | ☐ |  |
| ☐ | ☐ | ☐ |  |

# MAY 2022

| SUNDAY | MONDAY | TUESDAY | WEDNESDAY |
| --- | --- | --- | --- |
| 1 | 2 | 3 | 4 |
| 8 | 9 | 10 | 11 |
| 15 | 16 | 17 | 18 |
| 22 | 23 | 24 | 25 |
| 29 | 30 Memorial Day | 31 | |

**APRIL**

| S | M | T | W | T | F | S |
| --- | --- | --- | --- | --- | --- | --- |
| | | | | | 1 | 2 |
| 3 | 4 | 5 | 6 | 7 | 8 | 9 |
| 10 | 11 | 12 | 13 | 14 | 15 | 16 |
| 17 | 18 | 19 | 20 | 21 | 22 | 23 |
| 24 | 25 | 26 | 27 | 28 | 29 | 30 |

**MAY**

| S | M | T | W | T | F | S |
| --- | --- | --- | --- | --- | --- | --- |
| 1 | 2 | 3 | 4 | 5 | 6 | 7 |
| 8 | 9 | 10 | 11 | 12 | 13 | 14 |
| 15 | 16 | 17 | 18 | 19 | 20 | 21 |
| 22 | 23 | 24 | 25 | 26 | 27 | 28 |
| 29 | 30 | 31 | | | | |

**JUNE**

| S | M | T | W | T | F | S |
| --- | --- | --- | --- | --- | --- | --- |
| | | | 1 | 2 | 3 | 4 |
| 5 | 6 | 7 | 8 | 9 | 10 | 11 |
| 12 | 13 | 14 | 15 | 16 | 17 | 18 |
| 19 | 20 | 21 | 22 | 23 | 24 | 25 |
| 26 | 27 | 28 | 29 | 30 | | |

| THURSDAY | FRIDAY | SATURDAY | NOTES |
|---|---|---|---|
| 5 | 6 | 7 | |
| 12 | 13 | 14 | |
| 19 | 20 | 21 | |
| 26 | 27 | 28 | |

# JUNE 2022

| SUNDAY | MONDAY | TUESDAY | WEDNESDAY |
|---|---|---|---|
|  |  |  | 1 |
| 5 | 6 | 7 | 8 |
| 12 | 13 | 14 | 15 |
| 19 | 20 | 21 | 22 |
| 26 | 27 | 28 | 29 |

**MAY**

| S | M | T | W | T | F | S |
|---|---|---|---|---|---|---|
| 1 | 2 | 3 | 4 | 5 | 6 | 7 |
| 8 | 9 | 10 | 11 | 12 | 13 | 14 |
| 15 | 16 | 17 | 18 | 19 | 20 | 21 |
| 22 | 23 | 24 | 25 | 26 | 27 | 28 |
| 29 | 30 | 31 |  |  |  |  |

**JUNE**

| S | M | T | W | T | F | S |
|---|---|---|---|---|---|---|
|  |  |  | 1 | 2 | 3 | 4 |
| 5 | 6 | 7 | 8 | 9 | 10 | 11 |
| 12 | 13 | 14 | 15 | 16 | 17 | 18 |
| 19 | 20 | 21 | 22 | 23 | 24 | 25 |
| 26 | 27 | 28 | 29 | 30 |  |  |

**JULY**

| S | M | T | W | T | F | S |
|---|---|---|---|---|---|---|
|  |  |  |  |  | 1 | 2 |
| 3 | 4 | 5 | 6 | 7 | 8 | 9 |
| 10 | 11 | 12 | 13 | 14 | 15 | 16 |
| 17 | 18 | 19 | 20 | 21 | 22 | 23 |
| 24 | 25 | 26 | 27 | 28 | 29 | 30 |
| 31 |  |  |  |  |  |  |

| THURSDAY | FRIDAY | SATURDAY | NOTES |
|---|---|---|---|
| 2 | 3 | 4 | |
| 9 | 10 | 11 | |
| 16 | 17 | 18 | |
| 23 | 24 | 25 | |
| 30 | | | |

# JULY 2022

| SUNDAY | MONDAY | TUESDAY | WEDNESDAY |
|---|---|---|---|
|  |  |  |  |
| 3 | 4<br>Independence Day | 5 | 6 |
| 10 | 11 | 12 | 13 |
| 17 | 18 | 19 | 20 |
| 24 | 25 | 26 | 27 |
| 31 |  |  |  |

**JUNE**

| S | M | T | W | T | F | S |
|---|---|---|---|---|---|---|
|  |  |  | 1 | 2 | 3 | 4 |
| 5 | 6 | 7 | 8 | 9 | 10 | 11 |
| 12 | 13 | 14 | 15 | 16 | 17 | 18 |
| 19 | 20 | 21 | 22 | 23 | 24 | 25 |
| 26 | 27 | 28 | 29 | 30 |  |  |

**JULY**

| S | M | T | W | T | F | S |
|---|---|---|---|---|---|---|
|  |  |  |  |  | 1 | 2 |
| 3 | 4 | 5 | 6 | 7 | 8 | 9 |
| 10 | 11 | 12 | 13 | 14 | 15 | 16 |
| 17 | 18 | 19 | 20 | 21 | 22 | 23 |
| 24 | 25 | 26 | 27 | 28 | 29 | 30 |
| 31 |  |  |  |  |  |  |

**AUGUST**

| S | M | T | W | T | F | S |
|---|---|---|---|---|---|---|
|  | 1 | 2 | 3 | 4 | 5 | 6 |
| 7 | 8 | 9 | 10 | 11 | 12 | 13 |
| 14 | 15 | 16 | 17 | 18 | 19 | 20 |
| 21 | 22 | 23 | 24 | 25 | 26 | 27 |
| 28 | 29 | 30 | 31 |  |  |  |

| THURSDAY | FRIDAY | SATURDAY | NOTES |
|---|---|---|---|
|  | 1 | 2 |  |
| 7 | 8 | 9 |  |
| 14 | 15 | 16 |  |
| 21 | 22 | 23 |  |
| 28 | 29 | 30 |  |

# AUGUST 2022

| SUNDAY | MONDAY | TUESDAY | WEDNESDAY |
| --- | --- | --- | --- |
|  | 1 | 2 | 3 |
| 7 | 8 | 9 | 10 |
| 14 | 15 | 16 | 17 |
| 21 | 22 | 23 | 24 |
| 28 | 29 | 30 | 31 |

| JULY | | | | | | |
| --- | --- | --- | --- | --- | --- | --- |
| S | M | T | W | T | F | S |
|  |  |  |  |  | 1 | 2 |
| 3 | 4 | 5 | 6 | 7 | 8 | 9 |
| 10 | 11 | 12 | 13 | 14 | 15 | 16 |
| 17 | 18 | 19 | 20 | 21 | 22 | 23 |
| 24 | 25 | 26 | 27 | 28 | 29 | 30 |
| 31 |  |  |  |  |  |  |

| AUGUST | | | | | | |
| --- | --- | --- | --- | --- | --- | --- |
| S | M | T | W | T | F | S |
|  | 1 | 2 | 3 | 4 | 5 | 6 |
| 7 | 8 | 9 | 10 | 11 | 12 | 13 |
| 14 | 15 | 16 | 17 | 18 | 19 | 20 |
| 21 | 22 | 23 | 24 | 25 | 26 | 27 |
| 28 | 29 | 30 | 31 |  |  |  |

| SEPTEMBER | | | | | | |
| --- | --- | --- | --- | --- | --- | --- |
| S | M | T | W | T | F | S |
|  |  |  |  | 1 | 2 | 3 |
| 4 | 5 | 6 | 7 | 8 | 9 | 10 |
| 11 | 12 | 13 | 14 | 15 | 16 | 17 |
| 18 | 19 | 20 | 21 | 22 | 23 | 24 |
| 25 | 26 | 27 | 28 | 29 | 30 |  |

| THURSDAY | FRIDAY | SATURDAY | NOTES |
|---|---|---|---|
| 4 | 5 | 6 | |
| 11 | 12 | 13 | |
| 18 | 19 | 20 | |
| 25 | 26 | 27 | |

# SEPTEMBER 2022

| SUNDAY | MONDAY | TUESDAY | WEDNESDAY |
|---|---|---|---|
|  |  |  |  |
| 4 | 5 <br> Labor Day | 6 | 7 |
| 11 | 12 | 13 | 14 |
| 18 | 19 | 20 | 21 |
| 25 | 26 | 27 | 28 |

**AUGUST**

| S | M | T | W | T | F | S |
|---|---|---|---|---|---|---|
|  | 1 | 2 | 3 | 4 | 5 | 6 |
| 7 | 8 | 9 | 10 | 11 | 12 | 13 |
| 14 | 15 | 16 | 17 | 18 | 19 | 20 |
| 21 | 22 | 23 | 24 | 25 | 26 | 27 |
| 28 | 29 | 30 | 31 |  |  |  |

**SEPTEMBER**

| S | M | T | W | T | F | S |
|---|---|---|---|---|---|---|
|  |  |  |  | 1 | 2 | 3 |
| 4 | 5 | 6 | 7 | 8 | 9 | 10 |
| 11 | 12 | 13 | 14 | 15 | 16 | 17 |
| 18 | 19 | 20 | 21 | 22 | 23 | 24 |
| 25 | 26 | 27 | 28 | 29 | 30 |  |

**OCTOBER**

| S | M | T | W | T | F | S |
|---|---|---|---|---|---|---|
|  |  |  |  |  |  | 1 |
| 2 | 3 | 4 | 5 | 6 | 7 | 8 |
| 9 | 10 | 11 | 12 | 13 | 14 | 15 |
| 16 | 17 | 18 | 19 | 20 | 21 | 22 |
| 23 | 24 | 25 | 26 | 27 | 28 | 29 |
| 30 | 31 |  |  |  |  |  |

| THURSDAY | FRIDAY | SATURDAY | NOTES |
|---|---|---|---|
| 1 | 2 | 3 | |
| 8 | 9 | 10 | |
| 15 | 16 | 17 | |
| 22 | 23 | 24 | |
| 29 | 30 | | |

# OCTOBER 2022

| SUNDAY | MONDAY | TUESDAY | WEDNESDAY |
|---|---|---|---|
|  |  |  |  |
| 2 | 3 | 4 | 5 |
| 9 | 10 *Columbus Day* | 11 | 12 |
| 16 | 17 | 18 | 19 |
| 23 | 24 | 25 | 26 |
| 30 | 31 |  |  |

**SEPTEMBER**

| S | M | T | W | T | F | S |
|---|---|---|---|---|---|---|
|  |  |  |  | 1 | 2 | 3 |
| 4 | 5 | 6 | 7 | 8 | 9 | 10 |
| 11 | 12 | 13 | 14 | 15 | 16 | 17 |
| 18 | 19 | 20 | 21 | 22 | 23 | 24 |
| 25 | 26 | 27 | 28 | 29 | 30 |  |

**OCTOBER**

| S | M | T | W | T | F | S |
|---|---|---|---|---|---|---|
|  |  |  |  |  |  | 1 |
| 2 | 3 | 4 | 5 | 6 | 7 | 8 |
| 9 | 10 | 11 | 12 | 13 | 14 | 15 |
| 16 | 17 | 18 | 19 | 20 | 21 | 22 |
| 23 | 24 | 25 | 26 | 27 | 28 | 29 |
| 30 | 31 |  |  |  |  |  |

| THURSDAY | FRIDAY | SATURDAY | NOTES |
|---|---|---|---|
|  |  | 1 |  |
| 6 | 7 | 8 |  |
| 13 | 14 | 15 |  |
| 20 | 21 | 22 |  |
| 27 | 28 | 29 |  |
| □ | □ | □ |  |
| □ | □ | □ |  |
| □ | □ | □ |  |
| □ | □ | □ |  |
| □ | □ | □ |  |

# NOVEMBER 2022

| SUNDAY | MONDAY | TUESDAY | WEDNESDAY |
|---|---|---|---|
| | | 1 | 2 |
| 6 | 7 | 8 | 9 |
| 13 | 14 | 15 | 16 |
| 20 | 21 | 22 | 23 |
| 27 | 28 | 29 | 30 |

**OCTOBER**

| S | M | T | W | T | F | S |
|---|---|---|---|---|---|---|
| | | | | | | 1 |
| 2 | 3 | 4 | 5 | 6 | 7 | 8 |
| 9 | 10 | 11 | 12 | 13 | 14 | 15 |
| 16 | 17 | 18 | 19 | 20 | 21 | 22 |
| 23 | 24 | 25 | 26 | 27 | 28 | 29 |
| 30 | 31 | | | | | |

**NOVEMBER**

| S | M | T | W | T | F | S |
|---|---|---|---|---|---|---|
| | | 1 | 2 | 3 | 4 | 5 |
| 6 | 7 | 8 | 9 | 10 | 11 | 12 |
| 13 | 14 | 15 | 16 | 17 | 18 | 19 |
| 20 | 21 | 22 | 23 | 24 | 25 | 26 |
| 27 | 28 | 29 | 30 | | | |

**DECEMBER**

| S | M | T | W | T | F | S |
|---|---|---|---|---|---|---|
| | | | | 1 | 2 | 3 |
| 4 | 5 | 6 | 7 | 8 | 9 | 10 |
| 11 | 12 | 13 | 14 | 15 | 16 | 17 |
| 18 | 19 | 20 | 21 | 22 | 23 | 24 |
| 25 | 26 | 27 | 28 | 29 | 30 | 31 |

| THURSDAY | FRIDAY | SATURDAY | NOTES |
|---|---|---|---|
| 3 | 4 | 5 | |
| 10 | 11 Veterans Day | 12 | |
| 17 | 18 | 19 | |
| 24 Thanksgiving Day | 25 | 26 | |

# DECEMBER 2022

| SUNDAY | MONDAY | TUESDAY | WEDNESDAY |
|---|---|---|---|
|  |  |  |  |
| 4 | 5 | 6 | 7 |
| 11 | 12 | 13 | 14 |
| 18 | 19 | 20 | 21 |
| 25<br>Christmas Day | 26 | 27 | 28 |

**NOVEMBER**

| S | M | T | W | T | F | S |
|---|---|---|---|---|---|---|
|  |  | 1 | 2 | 3 | 4 | 5 |
| 6 | 7 | 8 | 9 | 10 | 11 | 12 |
| 13 | 14 | 15 | 16 | 17 | 18 | 19 |
| 20 | 21 | 22 | 23 | 24 | 25 | 26 |
| 27 | 28 | 29 | 30 |  |  |  |

**DECEMBER**

| S | M | T | W | T | F | S |
|---|---|---|---|---|---|---|
|  |  |  |  | 1 | 2 | 3 |
| 4 | 5 | 6 | 7 | 8 | 9 | 10 |
| 11 | 12 | 13 | 14 | 15 | 16 | 17 |
| 18 | 19 | 20 | 21 | 22 | 23 | 24 |
| 25 | 26 | 27 | 28 | 29 | 30 | 31 |

**JANUARY** 2023

| S | M | T | W | T | F | S |
|---|---|---|---|---|---|---|
| 1 | 2 | 3 | 4 | 5 | 6 | 7 |
| 8 | 9 | 10 | 11 | 12 | 13 | 14 |
| 15 | 16 | 17 | 18 | 19 | 20 | 21 |
| 22 | 23 | 24 | 25 | 26 | 27 | 28 |
| 29 | 30 | 31 |  |  |  |  |

| THURSDAY | FRIDAY | SATURDAY | NOTES |
|---|---|---|---|
| 1 | 2 | 3 | |
| 8 | 9 | 10 | |
| 15 | 16 | 17 | |
| 22 | 23 | 24 | |
| 29 | 30 | 31 | |
| □ | □ | □ | |
| □ | □ | □ | |
| □ | □ | □ | |
| □ | □ | □ | |
| □ | 2 | 3 | |

2023

# 2023

| January | February | March | April | May | June |
| --- | --- | --- | --- | --- | --- |
| 1 S | 1 W | 1 W | 1 S | 1 M | 1 T |
| 2 M | 2 T | 2 T | 2 S | 2 T | 2 F |
| 3 T | 3 F | 3 F | 3 M | 3 W | 3 S |
| 4 W | 4 S | 4 S | 4 T | 4 T | 4 S |
| 5 T | 5 S | 5 S | 5 W | 5 F | 5 M |
| 6 F | 6 M | 6 M | 6 T | 6 S | 6 T |
| 7 S | 7 T | 7 T | 7 F | 7 S | 7 W |
| 8 S | 8 W | 8 W | 8 S | 8 M | 8 T |
| 9 M | 9 T | 9 T | 9 S | 9 T | 9 F |
| 10 T | 10 F | 10 F | 10 M | 10 W | 10 S |
| 11 W | 11 S | 11 S | 11 T | 11 T | 11 S |
| 12 T | 12 S | 12 S | 12 W | 12 F | 12 M |
| 13 F | 13 M | 13 M | 13 T | 13 S | 13 T |
| 14 S | 14 T | 14 T | 14 F | 14 S | 14 W |
| 15 S | 15 W | 15 W | 15 S | 15 M | 15 T |
| 16 M | 16 T | 16 T | 16 S | 16 T | 16 F |
| 17 T | 17 F | 17 F | 17 M | 17 W | 17 S |
| 18 W | 18 S | 18 S | 18 T | 18 T | 18 S |
| 19 T | 19 S | 19 S | 19 W | 19 F | 19 M |
| 20 F | 20 M | 20 M | 20 T | 20 S | 20 T |
| 21 S | 21 T | 21 T | 21 F | 21 S | 21 W |
| 22 S | 22 W | 22 W | 22 S | 22 M | 22 T |
| 23 M | 23 T | 23 T | 23 S | 23 T | 23 F |
| 24 T | 24 F | 24 F | 24 M | 24 W | 24 S |
| 25 W | 25 S | 25 S | 25 T | 25 T | 25 S |
| 26 T | 26 S | 26 S | 26 W | 26 F | 26 M |
| 27 F | 27 M | 27 M | 27 T | 27 S | 27 T |
| 28 S | 28 T | 28 T | 28 F | 28 S | 28 W |
| 29 S | | 29 W | 29 S | 29 M | 29 T |
| 30 M | | 30 T | 30 S | 30 T | 30 F |
| 31 T | | 31 F | | 31 W | |

| July | August | September | October | November | December |
|---|---|---|---|---|---|
| 1 S | 1 T | 1 F | 1 S | 1 W | 1 F |
| 2 S | 2 W | 2 S | 2 M | 2 T | 2 S |
| 3 M | 3 T | 3 S | 3 T | 3 F | 3 S |
| 4 T | 4 F | 4 M | 4 W | 4 S | 4 M |
| 5 W | 5 S | 5 T | 5 T | 5 S | 5 T |
| 6 T | 6 S | 6 W | 6 F | 6 M | 6 W |
| 7 F | 7 M | 7 T | 7 S | 7 T | 7 T |
| 8 S | 8 T | 8 F | 8 S | 8 W | 8 F |
| 9 S | 9 W | 9 S | 9 M | 9 T | 9 S |
| 10 M | 10 T | 10 S | 10 T | 10 F | 10 S |
| 11 T | 11 F | 11 M | 11 W | 11 S | 11 M |
| 12 W | 12 S | 12 T | 12 T | 12 S | 12 T |
| 13 T | 13 S | 13 W | 13 F | 13 M | 13 W |
| 14 F | 14 M | 14 T | 14 S | 14 T | 14 T |
| 15 S | 15 T | 15 F | 15 S | 15 W | 15 F |
| 16 S | 16 W | 16 S | 16 M | 16 T | 16 S |
| 17 M | 17 T | 17 S | 17 T | 17 F | 17 S |
| 18 T | 18 F | 18 M | 18 W | 18 S | 18 M |
| 19 W | 19 S | 19 T | 19 T | 19 S | 19 T |
| 20 T | 20 S | 20 W | 20 F | 20 M | 20 W |
| 21 F | 21 M | 21 T | 21 S | 21 T | 21 T |
| 22 S | 22 T | 22 F | 22 S | 22 W | 22 F |
| 23 S | 23 W | 23 S | 23 M | 23 T | 23 S |
| 24 M | 24 T | 24 S | 24 T | 24 F | 24 S |
| 25 T | 25 F | 25 M | 25 W | 25 S | 25 M |
| 26 W | 26 S | 26 T | 26 T | 26 S | 26 T |
| 27 T | 27 S | 27 W | 27 F | 27 M | 27 W |
| 28 F | 28 M | 28 T | 28 S | 28 T | 28 T |
| 29 S | 29 T | 29 F | 29 S | 29 W | 29 F |
| 30 S | 30 W | 30 S | 30 M | 30 T | 30 S |
| 31 M | 31 T |  | 31 T |  | 31 S |

# JANUARY 2023

| SUNDAY | MONDAY | TUESDAY | WEDNESDAY |
|---|---|---|---|
| 1<br><br>New Year's Day | 2 | 3 | 4 |
| 8 | 9 | 10 | 11 |
| 15 | 16<br><br>Martin Luther King Jr. Day | 17 | 18 |
| 22 | 23 | 24 | 25 |
| 29 | 30 | 31 | |

**DECEMBER                    2022**

| S | M | T | W | T | F | S |
|---|---|---|---|---|---|---|
| | | | | 1 | 2 | 3 |
| 4 | 5 | 6 | 7 | 8 | 9 | 10 |
| 11 | 12 | 13 | 14 | 15 | 16 | 17 |
| 18 | 19 | 20 | 21 | 22 | 23 | 24 |
| 25 | 26 | 27 | 28 | 29 | 30 | 31 |

**JANUARY**

| S | M | T | W | T | F | S |
|---|---|---|---|---|---|---|
| 1 | 2 | 3 | 4 | 5 | 6 | 7 |
| 8 | 9 | 10 | 11 | 12 | 13 | 14 |
| 15 | 16 | 17 | 18 | 19 | 20 | 21 |
| 22 | 23 | 24 | 25 | 26 | 27 | 28 |
| 29 | 30 | 31 | | | | |

**FEBRUARY**

| S | M | T | W | T | F | S |
|---|---|---|---|---|---|---|
| | | | 1 | 2 | 3 | 4 |
| 5 | 6 | 7 | 8 | 9 | 10 | 11 |
| 12 | 13 | 14 | 15 | 16 | 17 | 18 |
| 19 | 20 | 21 | 22 | 23 | 24 | 25 |
| 26 | 27 | 28 | | | | |

| THURSDAY | FRIDAY | SATURDAY | NOTES |
|---|---|---|---|
| 5 | 6 | 7 | |
| 12 | 13 | 14 | |
| 19 | 20 | 21 | |
| 26 | 27 | 28 | |

# FEBRUARY 2023

| SUNDAY | MONDAY | TUESDAY | WEDNESDAY |
|---|---|---|---|
|  |  |  | 1 |
| 5 | 6 | 7 | 8 |
| 12 | 13 | 14 | 15 |
| 19 | 20 Presidents' Day | 21 | 22 |
| 26 | 27 | 28 |  |

**JANUARY**

| S | M | T | W | T | F | S |
|---|---|---|---|---|---|---|
| 1 | 2 | 3 | 4 | 5 | 6 | 7 |
| 8 | 9 | 10 | 11 | 12 | 13 | 14 |
| 15 | 16 | 17 | 18 | 19 | 20 | 21 |
| 22 | 23 | 24 | 25 | 26 | 27 | 28 |
| 29 | 30 | 31 |  |  |  |  |

**FEBRUARY**

| S | M | T | W | T | F | S |
|---|---|---|---|---|---|---|
|  |  |  | 1 | 2 | 3 | 4 |
| 5 | 6 | 7 | 8 | 9 | 10 | 11 |
| 12 | 13 | 14 | 15 | 16 | 17 | 18 |
| 19 | 20 | 21 | 22 | 23 | 24 | 25 |
| 26 | 27 | 28 |  |  |  |  |

**MARCH**

| S | M | T | W | T | F | S |
|---|---|---|---|---|---|---|
|  |  |  | 1 | 2 | 3 | 4 |
| 5 | 6 | 7 | 8 | 9 | 10 | 11 |
| 12 | 13 | 14 | 15 | 16 | 17 | 18 |
| 19 | 20 | 21 | 22 | 23 | 24 | 25 |
| 26 | 27 | 28 | 29 | 30 | 31 |  |

| THURSDAY | FRIDAY | SATURDAY | NOTES |
| --- | --- | --- | --- |
| 2 | 3 | 4 | |
| 9 | 10 | 11 | |
| 16 | 17 | 18 | |
| 23 | 24 | 25 | |

# MARCH 2023

| SUNDAY | MONDAY | TUESDAY | WEDNESDAY |
|---|---|---|---|
|  |  |  | 1 |
| 5 | 6 | 7 | 8 |
| 12 | 13 | 14 | 15 |
| 19 | 20 | 21 | 22 |
| 26 | 27 | 28 | 29 |

**FEBRUARY**

| S | M | T | W | T | F | S |
|---|---|---|---|---|---|---|
|  |  |  | 1 | 2 | 3 | 4 |
| 5 | 6 | 7 | 8 | 9 | 10 | 11 |
| 12 | 13 | 14 | 15 | 16 | 17 | 18 |
| 19 | 20 | 21 | 22 | 23 | 24 | 25 |
| 26 | 27 | 28 |  |  |  |  |

**MARCH**

| S | M | T | W | T | F | S |
|---|---|---|---|---|---|---|
|  |  |  | 1 | 2 | 3 | 4 |
| 5 | 6 | 7 | 8 | 9 | 10 | 11 |
| 12 | 13 | 14 | 15 | 16 | 17 | 18 |
| 19 | 20 | 21 | 22 | 23 | 24 | 25 |
| 26 | 27 | 28 | 29 | 30 | 31 |  |

**APRIL**

| S | M | T | W | T | F | S |
|---|---|---|---|---|---|---|
|  |  |  |  |  |  | 1 |
| 2 | 3 | 4 | 5 | 6 | 7 | 8 |
| 9 | 10 | 11 | 12 | 13 | 14 | 15 |
| 16 | 17 | 18 | 19 | 20 | 21 | 22 |
| 23 | 24 | 25 | 26 | 27 | 28 | 29 |
| 30 |  |  |  |  |  |  |

| THURSDAY | FRIDAY | SATURDAY | NOTES |
|---|---|---|---|
| 2 | 3 | 4 | |
| 9 | 10 | 11 | |
| 16 | 17 | 18 | |
| 23 | 24 | 25 | |
| 30 | 31 | | |
| □ | □ | □ | |
| □ | □ | □ | |
| □ | □ | □ | |
| □ | □ | □ | |
| □ | □ | □ | |

# APRIL 2023

| SUNDAY | MONDAY | TUESDAY | WEDNESDAY |
| --- | --- | --- | --- |
|  |  |  |  |
| 2 | 3 | 4 | 5 |
| 9 | 10 | 11 | 12 |
| 16 | 17 | 18 | 19 |
| 23 | 24 | 25 | 26 |
| 30 |  |  |  |

**MARCH**

| S | M | T | W | T | F | S |
| --- | --- | --- | --- | --- | --- | --- |
|  |  |  | 1 | 2 | 3 | 4 |
| 5 | 6 | 7 | 8 | 9 | 10 | 11 |
| 12 | 13 | 14 | 15 | 16 | 17 | 18 |
| 19 | 20 | 21 | 22 | 23 | 24 | 25 |
| 26 | 27 | 28 | 29 | 30 | 31 |  |

**APRIL**

| S | M | T | W | T | F | S |
| --- | --- | --- | --- | --- | --- | --- |
|  |  |  |  |  |  | 1 |
| 2 | 3 | 4 | 5 | 6 | 7 | 8 |
| 9 | 10 | 11 | 12 | 13 | 14 | 15 |
| 16 | 17 | 18 | 19 | 20 | 21 | 22 |
| 23 | 24 | 25 | 26 | 27 | 28 | 29 |
| 30 |  |  |  |  |  |  |

**MAY**

| S | M | T | W | T | F | S |
| --- | --- | --- | --- | --- | --- | --- |
|  | 1 | 2 | 3 | 4 | 5 | 6 |
| 7 | 8 | 9 | 10 | 11 | 12 | 13 |
| 14 | 15 | 16 | 17 | 18 | 19 | 20 |
| 21 | 22 | 23 | 24 | 25 | 26 | 27 |
| 28 | 29 | 30 | 31 |  |  |  |

| THURSDAY | FRIDAY | SATURDAY | NOTES |
|---|---|---|---|
|  |  | 1 |  |
| 6 | 7 | 8 |  |
| 13 | 14 | 15 |  |
| 20 | 21 | 22 |  |
| 27 | 28 | 29 |  |

## MAY 2023

| SUNDAY | MONDAY | TUESDAY | WEDNESDAY |
|---|---|---|---|
|  | 1 | 2 | 3 |
| 7 | 8 | 9 | 10 |
| 14 | 15 | 16 | 17 |
| 21 | 22 | 23 | 24 |
| 28 | 29 Memorial Day | 30 | 31 |

**APRIL**

| S | M | T | W | T | F | S |
|---|---|---|---|---|---|---|
|  |  |  |  |  |  | 1 |
| 2 | 3 | 4 | 5 | 6 | 7 | 8 |
| 9 | 10 | 11 | 12 | 13 | 14 | 15 |
| 16 | 17 | 18 | 19 | 20 | 21 | 22 |
| 23 | 24 | 25 | 26 | 27 | 28 | 29 |
| 30 |  |  |  |  |  |  |

**MAY**

| S | M | T | W | T | F | S |
|---|---|---|---|---|---|---|
|  | 1 | 2 | 3 | 4 | 5 | 6 |
| 7 | 8 | 9 | 10 | 11 | 12 | 13 |
| 14 | 15 | 16 | 17 | 18 | 19 | 20 |
| 21 | 22 | 23 | 24 | 25 | 26 | 27 |
| 28 | 29 | 30 | 31 |  |  |  |

**JUNE**

| S | M | T | W | T | F | S |
|---|---|---|---|---|---|---|
|  |  |  |  | 1 | 2 | 3 |
| 4 | 5 | 6 | 7 | 8 | 9 | 10 |
| 11 | 12 | 13 | 14 | 15 | 16 | 17 |
| 18 | 19 | 20 | 21 | 22 | 23 | 24 |
| 25 | 26 | 27 | 28 | 29 | 30 |  |

| THURSDAY | FRIDAY | SATURDAY | NOTES |
|---|---|---|---|
| 4 | 5 | 6 | |
| 11 | 12 | 13 | |
| 18 | 19 | 20 | |
| 25 | 26 | 27 | |
| □ | □ | □ | |
| □ | □ | □ | |
| □ | □ | □ | |
| □ | □ | □ | |
| □ | □ | □ | |

## JUNE 2023

| SUNDAY | MONDAY | TUESDAY | WEDNESDAY |
|---|---|---|---|
|  |  |  |  |
| 4 | 5 | 6 | 7 |
| 11 | 12 | 13 | 14 |
| 18 | 19 | 20 | 21 |
| 25 | 26 | 27 | 28 |

**MAY**

| S | M | T | W | T | F | S |
|---|---|---|---|---|---|---|
|  | 1 | 2 | 3 | 4 | 5 | 6 |
| 7 | 8 | 9 | 10 | 11 | 12 | 13 |
| 14 | 15 | 16 | 17 | 18 | 19 | 20 |
| 21 | 22 | 23 | 24 | 25 | 26 | 27 |
| 28 | 29 | 30 | 31 |  |  |  |

**JUNE**

| S | M | T | W | T | F | S |
|---|---|---|---|---|---|---|
|  |  |  |  | 1 | 2 | 3 |
| 4 | 5 | 6 | 7 | 8 | 9 | 10 |
| 11 | 12 | 13 | 14 | 15 | 16 | 17 |
| 18 | 19 | 20 | 21 | 22 | 23 | 24 |
| 25 | 26 | 27 | 28 | 29 | 30 |  |

**JULY**

| S | M | T | W | T | F | S |
|---|---|---|---|---|---|---|
|  |  |  |  |  |  | 1 |
| 2 | 3 | 4 | 5 | 6 | 7 | 8 |
| 9 | 10 | 11 | 12 | 13 | 14 | 15 |
| 16 | 17 | 18 | 19 | 20 | 21 | 22 |
| 23 | 24 | 25 | 26 | 27 | 28 | 29 |
| 30 | 31 |  |  |  |  |  |

| THURSDAY | FRIDAY | SATURDAY | NOTES |
|---|---|---|---|
| 1 | 2 | 3 | |
| 8 | 9 | 10 | |
| 15 | 16 | 17 | |
| 22 | 23 | 24 | |
| 29 | 30 | | |
| ☐ | ☐ | ☐ | |
| ☐ | ☐ | ☐ | |
| ☐ | ☐ | ☐ | |
| ☐ | ☐ | ☐ | |
| ☐ | ☐ | ☐ | |

# JULY 2023

| SUNDAY | MONDAY | TUESDAY | WEDNESDAY |
| --- | --- | --- | --- |
|  |  |  |  |
| 2 | 3 | 4<br><br>Independence Day | 5 |
| 9 | 10 | 11 | 12 |
| 16 | 17 | 18 | 19 |
| 23 | 24 | 25 | 26 |
| 30 | 31 |  |  |

**JUNE**

| S | M | T | W | T | F | S |
| --- | --- | --- | --- | --- | --- | --- |
|  |  |  |  | 1 | 2 | 3 |
| 4 | 5 | 6 | 7 | 8 | 9 | 10 |
| 11 | 12 | 13 | 14 | 15 | 16 | 17 |
| 18 | 19 | 20 | 21 | 22 | 23 | 24 |
| 25 | 26 | 27 | 28 | 29 | 30 |  |

**JULY**

| S | M | T | W | T | F | S |
| --- | --- | --- | --- | --- | --- | --- |
|  |  |  |  |  |  | 1 |
| 2 | 3 | 4 | 5 | 6 | 7 | 8 |
| 9 | 10 | 11 | 12 | 13 | 14 | 15 |
| 16 | 17 | 18 | 19 | 20 | 21 | 22 |
| 23 | 24 | 25 | 26 | 27 | 28 | 29 |
| 30 | 31 |  |  |  |  |  |

| THURSDAY | FRIDAY | SATURDAY | NOTES |
|---|---|---|---|
|  |  | 1 |  |
| 6 | 7 | 8 |  |
| 13 | 14 | 15 |  |
| 20 | 21 | 22 |  |
| 27 | 28 | 29 |  |

# AUGUST 2023

| SUNDAY | MONDAY | TUESDAY | WEDNESDAY |
|---|---|---|---|
| | | 1 | 2 |
| 6 | 7 | 8 | 9 |
| 13 | 14 | 15 | 16 |
| 20 | 21 | 22 | 23 |
| 27 | 28 | 29 | 30 |

**JULY**

| S | M | T | W | T | F | S |
|---|---|---|---|---|---|---|
| | | | | | | 1 |
| 2 | 3 | 4 | 5 | 6 | 7 | 8 |
| 9 | 10 | 11 | 12 | 13 | 14 | 15 |
| 16 | 17 | 18 | 19 | 20 | 21 | 22 |
| 23 | 24 | 25 | 26 | 27 | 28 | 29 |
| 30 | 31 | | | | | |

**AUGUST**

| S | M | T | W | T | F | S |
|---|---|---|---|---|---|---|
| | | 1 | 2 | 3 | 4 | 5 |
| 6 | 7 | 8 | 9 | 10 | 11 | 12 |
| 13 | 14 | 15 | 16 | 17 | 18 | 19 |
| 20 | 21 | 22 | 23 | 24 | 25 | 26 |
| 27 | 28 | 29 | 30 | 31 | | |

**SEPTEMBER**

| S | M | T | W | T | F | S |
|---|---|---|---|---|---|---|
| | | | | | 1 | 2 |
| 3 | 4 | 5 | 6 | 7 | 8 | 9 |
| 10 | 11 | 12 | 13 | 14 | 15 | 16 |
| 17 | 18 | 19 | 20 | 21 | 22 | 23 |
| 24 | 25 | 26 | 27 | 28 | 29 | 30 |

| THURSDAY | FRIDAY | SATURDAY | NOTES |
|---|---|---|---|
| 3 | 4 | 5 | |
| 10 | 11 | 12 | |
| 17 | 18 | 19 | |
| 24 | 25 | 26 | |
| 31 | | | |

# SEPTEMBER 2023

| SUNDAY | MONDAY | TUESDAY | WEDNESDAY |
|---|---|---|---|
|  |  |  |  |
| 3 | 4<br><br>Labor Day | 5 | 6 |
| 10 | 11 | 12 | 13 |
| 17 | 18 | 19 | 20 |
| 24 | 25 | 26 | 27 |

**AUGUST**

| S | M | T | W | T | F | S |
|---|---|---|---|---|---|---|
|  |  | 1 | 2 | 3 | 4 | 5 |
| 6 | 7 | 8 | 9 | 10 | 11 | 12 |
| 13 | 14 | 15 | 16 | 17 | 18 | 19 |
| 20 | 21 | 22 | 23 | 24 | 25 | 26 |
| 27 | 28 | 29 | 30 | 31 |  |  |

**SEPTEMBER**

| S | M | T | W | T | F | S |
|---|---|---|---|---|---|---|
|  |  |  |  |  | 1 | 2 |
| 3 | 4 | 5 | 6 | 7 | 8 | 9 |
| 10 | 11 | 12 | 13 | 14 | 15 | 16 |
| 17 | 18 | 19 | 20 | 21 | 22 | 23 |
| 24 | 25 | 26 | 27 | 28 | 29 | 30 |

**OCTOBER**

| S | M | T | W | T | F | S |
|---|---|---|---|---|---|---|
| 1 | 2 | 3 | 4 | 5 | 6 | 7 |
| 8 | 9 | 10 | 11 | 12 | 13 | 14 |
| 15 | 16 | 17 | 18 | 19 | 20 | 21 |
| 22 | 23 | 24 | 25 | 26 | 27 | 28 |
| 29 | 30 | 31 |  |  |  |  |

| THURSDAY | FRIDAY | SATURDAY | NOTES |
|---|---|---|---|
|  | 1 | 2 |  |
| 7 | 8 | 9 |  |
| 14 | 15 | 16 |  |
| 21 | 22 | 23 |  |
| 28 | 29 | 30 |  |
| ☐ | ☐ | ☐ |  |
| ☐ | ☐ | ☐ |  |
| ☐ | ☐ | ☐ |  |
| ☐ | ☐ | ☐ |  |
| ☐ | ☐ | ☐ |  |

# OCTOBER 2023

| SUNDAY | MONDAY | TUESDAY | WEDNESDAY |
|---|---|---|---|
| 1 | 2 | 3 | 4 |
| 8 | 9<br><br>Columbus Day | 10 | 11 |
| 15 | 16 | 17 | 18 |
| 22 | 23 | 24 | 25 |
| 29 | 30 | 31 | |

**SEPTEMBER**

| S | M | T | W | T | F | S |
|---|---|---|---|---|---|---|
| | | | | | 1 | 2 |
| 3 | 4 | 5 | 6 | 7 | 8 | 9 |
| 10 | 11 | 12 | 13 | 14 | 15 | 16 |
| 17 | 18 | 19 | 20 | 21 | 22 | 23 |
| 24 | 25 | 26 | 27 | 28 | 29 | 30 |

**OCTOBER**

| S | M | T | W | T | F | S |
|---|---|---|---|---|---|---|
| 1 | 2 | 3 | 4 | 5 | 6 | 7 |
| 8 | 9 | 10 | 11 | 12 | 13 | 14 |
| 15 | 16 | 17 | 18 | 19 | 20 | 21 |
| 22 | 23 | 24 | 25 | 26 | 27 | 28 |
| 29 | 30 | 31 | | | | |

**NOVEMBER**

| S | M | T | W | T | F | S |
|---|---|---|---|---|---|---|
| | | | 1 | 2 | 3 | 4 |
| 5 | 6 | 7 | 8 | 9 | 10 | 11 |
| 12 | 13 | 14 | 15 | 16 | 17 | 18 |
| 19 | 20 | 21 | 22 | 23 | 24 | 25 |
| 26 | 27 | 28 | 29 | 30 | | |

| THURSDAY | FRIDAY | SATURDAY | NOTES |
|---|---|---|---|
| 5 | 6 | 7 | |
| 12 | 13 | 14 | |
| 19 | 20 | 21 | |
| 26 | 27 | 28 | |

# NOVEMBER 2023

| SUNDAY | MONDAY | TUESDAY | WEDNESDAY |
|---|---|---|---|
|  |  |  | 1 |
| 5 | 6 | 7 | 8 |
| 12 | 13 | 14 | 15 |
| 19 | 20 | 21 | 22 |
| 26 | 27 | 28 | 29 |

**OCTOBER**

| S | M | T | W | T | F | S |
|---|---|---|---|---|---|---|
| 1 | 2 | 3 | 4 | 5 | 6 | 7 |
| 8 | 9 | 10 | 11 | 12 | 13 | 14 |
| 15 | 16 | 17 | 18 | 19 | 20 | 21 |
| 22 | 23 | 24 | 25 | 26 | 27 | 28 |
| 29 | 30 | 31 |  |  |  |  |

**NOVEMBER**

| S | M | T | W | T | F | S |
|---|---|---|---|---|---|---|
|  |  |  | 1 | 2 | 3 | 4 |
| 5 | 6 | 7 | 8 | 9 | 10 | 11 |
| 12 | 13 | 14 | 15 | 16 | 17 | 18 |
| 19 | 20 | 21 | 22 | 23 | 24 | 25 |
| 26 | 27 | 28 | 29 | 30 |  |  |

**DECEMBER**

| S | M | T | W | T | F | S |
|---|---|---|---|---|---|---|
|  |  |  |  |  | 1 | 2 |
| 3 | 4 | 5 | 6 | 7 | 8 | 9 |
| 10 | 11 | 12 | 13 | 14 | 15 | 16 |
| 17 | 18 | 19 | 20 | 21 | 22 | 23 |
| 24 | 25 | 26 | 27 | 28 | 29 | 30 |
| 31 |  |  |  |  |  |  |

| THURSDAY | FRIDAY | SATURDAY | |
|---|---|---|---|
| 2 | 3 | 4 | |
| 9 | 10 | 11 Veterans Day | |
| 16 | 17 | 18 | |
| 23 Thanksgiving Day | 24 | 25 | |
| 30 | | | |

# DECEMBER 2023

| SUNDAY | MONDAY | TUESDAY | WEDNESDAY |
|---|---|---|---|
|  |  |  |  |
| 3 | 4 | 5 | 6 |
| 10 | 11 | 12 | 13 |
| 17 | 18 | 19 | 20 |
| 24 | 25 Christmas Day | 26 | 27 |
| 31 |  |  |  |

**NOVEMBER**

| S | M | T | W | T | F | S |
|---|---|---|---|---|---|---|
|  |  |  | 1 | 2 | 3 | 4 |
| 5 | 6 | 7 | 8 | 9 | 10 | 11 |
| 12 | 13 | 14 | 15 | 16 | 17 | 18 |
| 19 | 20 | 21 | 22 | 23 | 24 | 25 |
| 26 | 27 | 28 | 29 | 30 |  |  |

**DECEMBER**

| S | M | T | W | T | F | S |
|---|---|---|---|---|---|---|
|  |  |  |  |  | 1 | 2 |
| 3 | 4 | 5 | 6 | 7 | 8 | 9 |
| 10 | 11 | 12 | 13 | 14 | 15 | 16 |
| 17 | 18 | 19 | 20 | 21 | 22 | 23 |
| 24 | 25 | 26 | 27 | 28 | 29 | 30 |
| 31 |  |  |  |  |  |  |

**JANUARY**   **2024**

| S | M | T | W | T | F | S |
|---|---|---|---|---|---|---|
|  | 1 | 2 | 3 | 4 | 5 | 6 |
| 7 | 8 | 9 | 10 | 11 | 12 | 13 |
| 14 | 15 | 16 | 17 | 18 | 19 | 20 |
| 21 | 22 | 23 | 24 | 25 | 26 | 27 |
| 28 | 29 | 30 | 31 |  |  |  |

| THURSDAY | FRIDAY | SATURDAY | NOTES |
|---|---|---|---|
|  | 1 | 2 |  |
| 7 | 8 | 9 |  |
| 14 | 15 | 16 |  |
| 21 | 22 | 23 |  |
| 28 | 29 | 30 |  |
| □ | □ | □ |  |
| □ | □ | □ |  |
| □ | □ | □ |  |
| □ | □ | □ |  |
| □ | □ | □ |  |

2024

# 2024

| January | February | March | April | May | June |
| --- | --- | --- | --- | --- | --- |
| 1 M | 1 T | 1 F | 1 M | 1 W | 1 S |
| 2 T | 2 F | 2 S | 2 T | 2 T | 2 S |
| 3 W | 3 S | 3 S | 3 W | 3 F | 3 M |
| 4 T | 4 S | 4 M | 4 T | 4 S | 4 T |
| 5 F | 5 M | 5 T | 5 F | 5 S | 5 W |
| 6 S | 6 T | 6 W | 6 S | 6 M | 6 T |
| 7 S | 7 W | 7 T | 7 S | 7 T | 7 F |
| 8 M | 8 T | 8 F | 8 M | 8 W | 8 S |
| 9 T | 9 F | 9 S | 9 T | 9 T | 9 S |
| 10 W | 10 S | 10 S | 10 W | 10 F | 10 M |
| 11 T | 11 S | 11 M | 11 T | 11 S | 11 T |
| 12 F | 12 M | 12 T | 12 F | 12 S | 12 W |
| 13 S | 13 T | 13 W | 13 S | 13 M | 13 T |
| 14 S | 14 W | 14 T | 14 S | 14 T | 14 F |
| 15 M | 15 T | 15 F | 15 M | 15 W | 15 S |
| 16 T | 16 F | 16 S | 16 T | 16 T | 16 S |
| 17 W | 17 S | 17 S | 17 W | 17 F | 17 M |
| 18 T | 18 S | 18 M | 18 T | 18 S | 18 T |
| 19 F | 19 M | 19 T | 19 F | 19 S | 19 W |
| 20 S | 20 T | 20 W | 20 S | 20 M | 20 T |
| 21 S | 21 W | 21 T | 21 S | 21 T | 21 F |
| 22 M | 22 T | 22 F | 22 M | 22 W | 22 S |
| 23 T | 23 F | 23 S | 23 T | 23 T | 23 S |
| 24 W | 24 S | 24 S | 24 W | 24 F | 24 M |
| 25 T | 25 S | 25 M | 25 T | 25 S | 25 T |
| 26 F | 26 M | 26 T | 26 F | 26 S | 26 W |
| 27 S | 27 T | 27 W | 27 S | 27 M | 27 T |
| 28 S | 28 W | 28 T | 28 S | 28 T | 28 F |
| 29 M | 29 T | 29 F | 29 M | 29 W | 29 S |
| 30 T | | 30 S | 30 T | 30 T | 30 S |
| 31 W | | 31 S | | 31 F | |

| July | August | September | October | November | December |
|---|---|---|---|---|---|
| 1 M | 1 T | 1 S | 1 T | 1 F | 1 S |
| 2 T | 2 F | 2 M | 2 W | 2 S | 2 M |
| 3 W | 3 S | 3 T | 3 T | 3 S | 3 T |
| 4 T | 4 S | 4 W | 4 F | 4 M | 4 W |
| 5 F | 5 M | 5 T | 5 S | 5 T | 5 T |
| 6 S | 6 T | 6 F | 6 S | 6 W | 6 F |
| 7 S | 7 W | 7 S | 7 M | 7 T | 7 S |
| 8 M | 8 T | 8 S | 8 T | 8 F | 8 S |
| 9 T | 9 F | 9 M | 9 W | 9 S | 9 M |
| 10 W | 10 S | 10 T | 10 T | 10 S | 10 T |
| 11 T | 11 S | 11 W | 11 F | 11 M | 11 W |
| 12 F | 12 M | 12 T | 12 S | 12 T | 12 T |
| 13 S | 13 T | 13 F | 13 S | 13 W | 13 F |
| 14 S | 14 W | 14 S | 14 M | 14 T | 14 S |
| 15 M | 15 T | 15 S | 15 T | 15 F | 15 S |
| 16 T | 16 F | 16 M | 16 W | 16 S | 16 M |
| 17 W | 17 S | 17 T | 17 T | 17 S | 17 T |
| 18 T | 18 S | 18 W | 18 F | 18 M | 18 W |
| 19 F | 19 M | 19 T | 19 S | 19 T | 19 T |
| 20 S | 20 T | 20 F | 20 S | 20 W | 20 F |
| 21 S | 21 W | 21 S | 21 M | 21 T | 21 S |
| 22 M | 22 T | 22 S | 22 T | 22 F | 22 S |
| 23 T | 23 F | 23 M | 23 W | 23 S | 23 M |
| 24 W | 24 S | 24 T | 24 T | 24 S | 24 T |
| 25 T | 25 S | 25 W | 25 F | 25 M | 25 W |
| 26 F | 26 M | 26 T | 26 S | 26 T | 26 T |
| 27 S | 27 T | 27 F | 27 S | 27 W | 27 F |
| 28 S | 28 W | 28 S | 28 M | 28 T | 28 S |
| 29 M | 29 T | 29 S | 29 T | 29 F | 29 S |
| 30 T | 30 F | 30 M | 30 W | 30 S | 30 M |
| 31 W | 31 S | | 31 T | | 31 T |

# JANUARY 2024

| SUNDAY | MONDAY | TUESDAY | WEDNESDAY |
|---|---|---|---|
| | 1<br><br>New Year's Day | 2 | 3 |
| 7 | 8 | 9 | 10 |
| 14 | 15<br><br>Martin Luther King Jr. Day | 16 | 17 |
| 21 | 22 | 23 | 24 |
| 28 | 29 | 30 | 31 |

| DECEMBER | | | | | 2023 | | JANUARY | | | | | | | FEBRUARY | | | | | | |
|---|---|---|---|---|---|---|---|---|---|---|---|---|---|---|---|---|---|---|---|---|
| S | M | T | W | T | F | S | S | M | T | W | T | F | S | S | M | T | W | T | F | S |
| | | | | | 1 | 2 | | 1 | 2 | 3 | 4 | 5 | 6 | | | | | 1 | 2 | 3 |
| 3 | 4 | 5 | 6 | 7 | 8 | 9 | 7 | 8 | 9 | 10 | 11 | 12 | 13 | 4 | 5 | 6 | 7 | 8 | 9 | 10 |
| 10 | 11 | 12 | 13 | 14 | 15 | 16 | 14 | 15 | 16 | 17 | 18 | 19 | 20 | 11 | 12 | 13 | 14 | 15 | 16 | 17 |
| 17 | 18 | 19 | 20 | 21 | 22 | 23 | 21 | 22 | 23 | 24 | 25 | 26 | 27 | 18 | 19 | 20 | 21 | 22 | 23 | 24 |
| 24 | 25 | 26 | 27 | 28 | 29 | 30 | 28 | 29 | 30 | 31 | | | | 25 | 26 | 27 | 28 | 29 | | |
| 31 | | | | | | | | | | | | | | | | | | | | |

| THURSDAY | FRIDAY | SATURDAY | NOTES |
|---|---|---|---|
| 4 | 5 | 6 | |
| 11 | 12 | 13 | |
| 18 | 19 | 20 | |
| 25 | 26 | 27 | |

# FEBRUARY 2024

| SUNDAY | MONDAY | TUESDAY | WEDNESDAY |
|---|---|---|---|
|  |  |  |  |
| 4 | 5 | 6 | 7 |
| 11 | 12 | 13 | 14 |
| 18 | 19 Presidents' Day | 20 | 21 |
| 25 | 26 | 27 | 28 |

**JANUARY**

| S | M | T | W | T | F | S |
|---|---|---|---|---|---|---|
|  | 1 | 2 | 3 | 4 | 5 | 6 |
| 7 | 8 | 9 | 10 | 11 | 12 | 13 |
| 14 | 15 | 16 | 17 | 18 | 19 | 20 |
| 21 | 22 | 23 | 24 | 25 | 26 | 27 |
| 28 | 29 | 30 | 31 |  |  |  |

**FEBRUARY**

| S | M | T | W | T | F | S |
|---|---|---|---|---|---|---|
|  |  |  |  | 1 | 2 | 3 |
| 4 | 5 | 6 | 7 | 8 | 9 | 10 |
| 11 | 12 | 13 | 14 | 15 | 16 | 17 |
| 18 | 19 | 20 | 21 | 22 | 23 | 24 |
| 25 | 26 | 27 | 28 | 29 |  |  |

**MARCH**

| S | M | T | W | T | F | S |
|---|---|---|---|---|---|---|
|  |  |  |  |  | 1 | 2 |
| 3 | 4 | 5 | 6 | 7 | 8 | 9 |
| 10 | 11 | 12 | 13 | 14 | 15 | 16 |
| 17 | 18 | 19 | 20 | 21 | 22 | 23 |
| 24 | 25 | 26 | 27 | 28 | 29 | 30 |
| 31 |  |  |  |  |  |  |

| THURSDAY | FRIDAY | SATURDAY | NOTES |
|---|---|---|---|
| 1 | 2 | 3 | |
| 8 | 9 | 10 | |
| 15 | 16 | 17 | |
| 22 | 23 | 24 | |
| 29 | | | |

## MARCH 2024

| SUNDAY | MONDAY | TUESDAY | WEDNESDAY |
|---|---|---|---|
|  |  |  |  |
| 3 | 4 | 5 | 6 |
| 10 | 11 | 12 | 13 |
| 17 | 18 | 19 | 20 |
| 24 | 25 | 26 | 27 |
| 31 |  |  |  |

**FEBRUARY**

| S | M | T | W | T | F | S |
|---|---|---|---|---|---|---|
|  |  |  |  | 1 | 2 | 3 |
| 4 | 5 | 6 | 7 | 8 | 9 | 10 |
| 11 | 12 | 13 | 14 | 15 | 16 | 17 |
| 18 | 19 | 20 | 21 | 22 | 23 | 24 |
| 25 | 26 | 27 | 28 | 29 |  |  |

**MARCH**

| S | M | T | W | T | F | S |
|---|---|---|---|---|---|---|
|  |  |  |  |  | 1 | 2 |
| 3 | 4 | 5 | 6 | 7 | 8 | 9 |
| 10 | 11 | 12 | 13 | 14 | 15 | 16 |
| 17 | 18 | 19 | 20 | 21 | 22 | 23 |
| 24 | 25 | 26 | 27 | 28 | 29 | 30 |
| 31 |  |  |  |  |  |  |

**APRIL**

| S | M | T | W | T | F | S |
|---|---|---|---|---|---|---|
|  | 1 | 2 | 3 | 4 | 5 | 6 |
| 7 | 8 | 9 | 10 | 11 | 12 | 13 |
| 14 | 15 | 16 | 17 | 18 | 19 | 20 |
| 21 | 22 | 23 | 24 | 25 | 26 | 27 |
| 28 | 29 | 30 |  |  |  |  |

| THURSDAY | FRIDAY | SATURDAY | NOTES |
|---|---|---|---|
|  | 1 | 2 |  |
| 7 | 8 | 9 |  |
| 14 | 15 | 16 |  |
| 21 | 22 | 23 |  |
| 28 | 29 | 30 |  |

# APRIL 2024

| SUNDAY | MONDAY | TUESDAY | WEDNESDAY |
|---|---|---|---|
|  | 1 | 2 | 3 |
| 7 | 8 | 9 | 10 |
| 14 | 15 | 16 | 17 |
| 21 | 22 | 23 | 24 |
| 28 | 29 | 30 |  |

**MARCH**

| S | M | T | W | T | F | S |
|---|---|---|---|---|---|---|
|  |  |  |  |  | 1 | 2 |
| 3 | 4 | 5 | 6 | 7 | 8 | 9 |
| 10 | 11 | 12 | 13 | 14 | 15 | 16 |
| 17 | 18 | 19 | 20 | 21 | 22 | 23 |
| 24 | 25 | 26 | 27 | 28 | 29 | 30 |
| 31 |  |  |  |  |  |  |

**APRIL**

| S | M | T | W | T | F | S |
|---|---|---|---|---|---|---|
|  | 1 | 2 | 3 | 4 | 5 | 6 |
| 7 | 8 | 9 | 10 | 11 | 12 | 13 |
| 14 | 15 | 16 | 17 | 18 | 19 | 20 |
| 21 | 22 | 23 | 24 | 25 | 26 | 27 |
| 28 | 29 | 30 |  |  |  |  |

**MAY**

| S | M | T | W | T | F | S |
|---|---|---|---|---|---|---|
|  |  |  |  | 1 | 2 | 3 | 4 |
| 5 | 6 | 7 | 8 | 9 | 10 | 11 |
| 12 | 13 | 14 | 15 | 16 | 17 | 18 |
| 19 | 20 | 21 | 22 | 23 | 24 | 25 |
| 26 | 27 | 28 | 29 | 30 | 31 |  |

| THURSDAY | FRIDAY | SATURDAY | NOTES |
|---|---|---|---|
| 4 | 5 | 6 | |
| 11 | 12 | 13 | |
| 18 | 19 | 20 | |
| 25 | 26 | 27 | |

# MAY 2024

| SUNDAY | MONDAY | TUESDAY | WEDNESDAY |
|---|---|---|---|
| | | | 1 |
| 5 | 6 | 7 | 8 |
| 12 | 13 | 14 | 15 |
| 19 | 20 | 21 | 22 |
| 26 | 27 | 28 | 29 |

Memorial Day

**APRIL**

| S | M | T | W | T | F | S |
|---|---|---|---|---|---|---|
| | 1 | 2 | 3 | 4 | 5 | 6 |
| 7 | 8 | 9 | 10 | 11 | 12 | 13 |
| 14 | 15 | 16 | 17 | 18 | 19 | 20 |
| 21 | 22 | 23 | 24 | 25 | 26 | 27 |
| 28 | 29 | 30 | | | | |

**MAY**

| S | M | T | W | T | F | S |
|---|---|---|---|---|---|---|
| | | | 1 | 2 | 3 | 4 |
| 5 | 6 | 7 | 8 | 9 | 10 | 11 |
| 12 | 13 | 14 | 15 | 16 | 17 | 18 |
| 19 | 20 | 21 | 22 | 23 | 24 | 25 |
| 26 | 27 | 28 | 29 | 30 | 31 | |

**JUNE**

| S | M | T | W | T | F | S |
|---|---|---|---|---|---|---|
| | | | | | | 1 |
| 2 | 3 | 4 | 5 | 6 | 7 | 8 |
| 9 | 10 | 11 | 12 | 13 | 14 | 15 |
| 16 | 17 | 18 | 19 | 20 | 21 | 22 |
| 23 | 24 | 25 | 26 | 27 | 28 | 29 |
| 30 | | | | | | |

| THURSDAY | FRIDAY | SATURDAY | NOTES |
|---|---|---|---|
| 2 | 3 | 4 | |
| 9 | 10 | 11 | |
| 16 | 17 | 18 | |
| 23 | 24 | 25 | |
| 30 | 31 | | |

# JUNE 2024

| SUNDAY | MONDAY | TUESDAY | WEDNESDAY |
|--------|--------|---------|-----------|
|  |  |  |  |
| 2 | 3 | 4 | 5 |
| 9 | 10 | 11 | 12 |
| 16 | 17 | 18 | 19 |
| 23 | 24 | 25 | 26 |
| 30 |  |  |  |

MAY

| S | M | T | W | T | F | S |
|---|---|---|---|---|---|---|
|  |  |  | 1 | 2 | 3 | 4 |
| 5 | 6 | 7 | 8 | 9 | 10 | 11 |
| 12 | 13 | 14 | 15 | 16 | 17 | 18 |
| 19 | 20 | 21 | 22 | 23 | 24 | 25 |
| 26 | 27 | 28 | 29 | 30 | 31 |  |

JUNE

| S | M | T | W | T | F | S |
|---|---|---|---|---|---|---|
|  |  |  |  |  |  | 1 |
| 2 | 3 | 4 | 5 | 6 | 7 | 8 |
| 9 | 10 | 11 | 12 | 13 | 14 | 15 |
| 16 | 17 | 18 | 19 | 20 | 21 | 22 |
| 23 | 24 | 25 | 26 | 27 | 28 | 29 |
| 30 |  |  |  |  |  |  |

JULY

| S | M | T | W | T | F | S |
|---|---|---|---|---|---|---|
|  | 1 | 2 | 3 | 4 | 5 | 6 |
| 7 | 8 | 9 | 10 | 11 | 12 | 13 |
| 14 | 15 | 16 | 17 | 18 | 19 | 20 |
| 21 | 22 | 23 | 24 | 25 | 26 | 27 |
| 28 | 29 | 30 | 31 |  |  |  |

| THURSDAY | FRIDAY | SATURDAY | NOTES |
|---|---|---|---|
| | | 1 | |
| 6 | 7 | 8 | |
| 13 | 14 | 15 | |
| 20 | 21 | 22 | |
| 27 | 28 | 29 | |
| □ | □ | □ | |
| □ | □ | □ | |
| □ | □ | □ | |
| □ | □ | □ | |
| □ | □ | □ | |

# JULY 2024

| SUNDAY | MONDAY | TUESDAY | WEDNESDAY |
|---|---|---|---|
|  | 1 | 2 | 3 |
| 7 | 8 | 9 | 10 |
| 14 | 15 | 16 | 17 |
| 21 | 22 | 23 | 24 |
| 28 | 29 | 30 | 31 |

**JUNE**

| S | M | T | W | T | F | S |
|---|---|---|---|---|---|---|
|  |  |  |  |  |  | 1 |
| 2 | 3 | 4 | 5 | 6 | 7 | 8 |
| 9 | 10 | 11 | 12 | 13 | 14 | 15 |
| 16 | 17 | 18 | 19 | 20 | 21 | 22 |
| 23 | 24 | 25 | 26 | 27 | 28 | 29 |
| 30 |  |  |  |  |  |  |

**JULY**

| S | M | T | W | T | F | S |
|---|---|---|---|---|---|---|
|  | 1 | 2 | 3 | 4 | 5 | 6 |
| 7 | 8 | 9 | 10 | 11 | 12 | 13 |
| 14 | 15 | 16 | 17 | 18 | 19 | 20 |
| 21 | 22 | 23 | 24 | 25 | 26 | 27 |
| 28 | 29 | 30 | 31 |  |  |  |

**AUGUST**

| S | M | T | W | T | F | S |
|---|---|---|---|---|---|---|
|  |  |  |  |  | 1 | 2 | 3 |
| 4 | 5 | 6 | 7 | 8 | 9 | 10 |
| 11 | 12 | 13 | 14 | 15 | 16 | 17 |
| 18 | 19 | 20 | 21 | 22 | 23 | 24 |
| 25 | 26 | 27 | 28 | 29 | 30 | 31 |

| THURSDAY | FRIDAY | SATURDAY | NOTES |
|---|---|---|---|
| 4 | 5 | 6 | |
| Independence Day | | | |
| 11 | 12 | 13 | |
| 18 | 19 | 20 | |
| 25 | 26 | 27 | |

## AUGUST 2024

| SUNDAY | MONDAY | TUESDAY | WEDNESDAY |
|---|---|---|---|
|  |  |  |  |
| 4 | 5 | 6 | 7 |
| 11 | 12 | 13 | 14 |
| 18 | 19 | 20 | 21 |
| 25 | 26 | 27 | 28 |

JULY

| S | M | T | W | T | F | S |
|---|---|---|---|---|---|---|
|  | 1 | 2 | 3 | 4 | 5 | 6 |
| 7 | 8 | 9 | 10 | 11 | 12 | 13 |
| 14 | 15 | 16 | 17 | 18 | 19 | 20 |
| 21 | 22 | 23 | 24 | 25 | 26 | 27 |
| 28 | 29 | 30 | 31 |  |  |  |

AUGUST

| S | M | T | W | T | F | S |
|---|---|---|---|---|---|---|
|  |  |  |  | 1 | 2 | 3 |
| 4 | 5 | 6 | 7 | 8 | 9 | 10 |
| 11 | 12 | 13 | 14 | 15 | 16 | 17 |
| 18 | 19 | 20 | 21 | 22 | 23 | 24 |
| 25 | 26 | 27 | 28 | 29 | 30 | 31 |

SEPTEMBER

| S | M | T | W | T | F | S |
|---|---|---|---|---|---|---|
| 1 | 2 | 3 | 4 | 5 | 6 | 7 |
| 8 | 9 | 10 | 11 | 12 | 13 | 14 |
| 15 | 16 | 17 | 18 | 19 | 20 | 21 |
| 22 | 23 | 24 | 25 | 26 | 27 | 28 |
| 29 | 30 |  |  |  |  |  |

| THURSDAY | FRIDAY | SATURDAY | NOTES |
|---|---|---|---|
| 1 | 2 | 3 | |
| 8 | 9 | 10 | |
| 15 | 16 | 17 | |
| 22 | 23 | 24 | |
| 29 | 30 | 31 | |

# SEPTEMBER 2024

| SUNDAY | MONDAY | TUESDAY | WEDNESDAY |
|---|---|---|---|
| 1 | 2<br><br>Labor Day | 3 | 4 |
| 8 | 9 | 10 | 11 |
| 15 | 16 | 17 | 18 |
| 22 | 23 | 24 | 25 |
| 29 | 30 | | |

**AUGUST**

| S | M | T | W | T | F | S |
|---|---|---|---|---|---|---|
| | | | | 1 | 2 | 3 |
| 4 | 5 | 6 | 7 | 8 | 9 | 10 |
| 11 | 12 | 13 | 14 | 15 | 16 | 17 |
| 18 | 19 | 20 | 21 | 22 | 23 | 24 |
| 25 | 26 | 27 | 28 | 29 | 30 | 31 |

**SEPTEMBER**

| S | M | T | W | T | F | S |
|---|---|---|---|---|---|---|
| 1 | 2 | 3 | 4 | 5 | 6 | 7 |
| 8 | 9 | 10 | 11 | 12 | 13 | 14 |
| 15 | 16 | 17 | 18 | 19 | 20 | 21 |
| 22 | 23 | 24 | 25 | 26 | 27 | 28 |
| 29 | 30 | | | | | |

**OCTOBER**

| S | M | T | W | T | F | S |
|---|---|---|---|---|---|---|
| | | | 1 | 2 | 3 | 4 | 5 |
| 6 | 7 | 8 | 9 | 10 | 11 | 12 |
| 13 | 14 | 15 | 16 | 17 | 18 | 19 |
| 20 | 21 | 22 | 23 | 24 | 25 | 26 |
| 27 | 28 | 29 | 30 | 31 | | |

| THURSDAY | FRIDAY | SATURDAY | NOTES |
|---|---|---|---|
| 5 | 6 | 7 | |
| 12 | 13 | 14 | |
| 19 | 20 | 21 | |
| 26 | 27 | 28 | |

# OCTOBER 2024

| SUNDAY | MONDAY | TUESDAY | WEDNESDAY |
|---|---|---|---|
|  |  | 1 | 2 |
| 6 | 7 | 8 | 9 |
| 13 | 14<br><br>Columbus Day | 15 | 16 |
| 20 | 21 | 22 | 23 |
| 27 | 28 | 29 | 30 |

**SEPTEMBER**

| S | M | T | W | T | F | S |
|---|---|---|---|---|---|---|
| 1 | 2 | 3 | 4 | 5 | 6 | 7 |
| 8 | 9 | 10 | 11 | 12 | 13 | 14 |
| 15 | 16 | 17 | 18 | 19 | 20 | 21 |
| 22 | 23 | 24 | 25 | 26 | 27 | 28 |
| 29 | 30 |  |  |  |  |  |

**OCTOBER**

| S | M | T | W | T | F | S |
|---|---|---|---|---|---|---|
|  |  | 1 | 2 | 3 | 4 | 5 |
| 6 | 7 | 8 | 9 | 10 | 11 | 12 |
| 13 | 14 | 15 | 16 | 17 | 18 | 19 |
| 20 | 21 | 22 | 23 | 24 | 25 | 26 |
| 27 | 28 | 29 | 30 | 31 |  |  |

**NOVEMBER**

| S | M | T | W | T | F | S |
|---|---|---|---|---|---|---|
|  |  |  |  |  | 1 | 2 |
| 3 | 4 | 5 | 6 | 7 | 8 | 9 |
| 10 | 11 | 12 | 13 | 14 | 15 | 16 |
| 17 | 18 | 19 | 20 | 21 | 22 | 23 |
| 24 | 25 | 26 | 27 | 28 | 29 | 30 |

| THURSDAY | FRIDAY | SATURDAY | NOTES |
|---|---|---|---|
| 3 | 4 | 5 | |
| 10 | 11 | 12 | |
| 17 | 18 | 19 | |
| 24 | 25 | 26 | |
| 31 | | | |

# NOVEMBER 2024

| SUNDAY | MONDAY | TUESDAY | WEDNESDAY |
|---|---|---|---|
|  |  |  |  |
| 3 | 4 | 5 | 6 |
| 10 | 11<br>Veterans Day | 12 | 13 |
| 17 | 18 | 19 | 20 |
| 24 | 25 | 26 | 27 |

**OCTOBER**

| S | M | T | W | T | F | S |
|---|---|---|---|---|---|---|
|  |  | 1 | 2 | 3 | 4 | 5 |
| 6 | 7 | 8 | 9 | 10 | 11 | 12 |
| 13 | 14 | 15 | 16 | 17 | 18 | 19 |
| 20 | 21 | 22 | 23 | 24 | 25 | 26 |
| 27 | 28 | 29 | 30 | 31 |  |  |

**NOVEMBER**

| S | M | T | W | T | F | S |
|---|---|---|---|---|---|---|
|  |  |  |  |  | 1 | 2 |
| 3 | 4 | 5 | 6 | 7 | 8 | 9 |
| 10 | 11 | 12 | 13 | 14 | 15 | 16 |
| 17 | 18 | 19 | 20 | 21 | 22 | 23 |
| 24 | 25 | 26 | 27 | 28 | 29 | 30 |

**DECEMBER**

| S | M | T | W | T | F | S |
|---|---|---|---|---|---|---|
| 1 | 2 | 3 | 4 | 5 | 6 | 7 |
| 8 | 9 | 10 | 11 | 12 | 13 | 14 |
| 15 | 16 | 17 | 18 | 19 | 20 | 21 |
| 22 | 23 | 24 | 25 | 26 | 27 | 28 |
| 29 | 30 | 31 |  |  |  |  |

| THURSDAY | FRIDAY | SATURDAY | NOTES |
|---|---|---|---|
|  | 1 | 2 |  |
| 7 | 8 | 9 |  |
| 14 | 15 | 16 |  |
| 21 | 22 | 23 |  |
| 28<br><br>Thanksgiving Day | 29 | 30 |  |

# DECEMBER 2024

| SUNDAY | MONDAY | TUESDAY | WEDNESDAY |
|---|---|---|---|
| 1 | 2 | 3 | 4 |
| 8 | 9 | 10 | 11 |
| 15 | 16 | 17 | 18 |
| 22 | 23 | 24 | 25 <br> Christmas Day |
| 29 | 30 | 31 | |

**NOVEMBER**

| S | M | T | W | T | F | S |
|---|---|---|---|---|---|---|
| | | | | | 1 | 2 |
| 3 | 4 | 5 | 6 | 7 | 8 | 9 |
| 10 | 11 | 12 | 13 | 14 | 15 | 16 |
| 17 | 18 | 19 | 20 | 21 | 22 | 23 |
| 24 | 25 | 26 | 27 | 28 | 29 | 30 |

**DECEMBER**

| S | M | T | W | T | F | S |
|---|---|---|---|---|---|---|
| 1 | 2 | 3 | 4 | 5 | 6 | 7 |
| 8 | 9 | 10 | 11 | 12 | 13 | 14 |
| 15 | 16 | 17 | 18 | 19 | 20 | 21 |
| 22 | 23 | 24 | 25 | 26 | 27 | 28 |
| 29 | 30 | 31 | | | | |

**JANUARY 2025**

| S | M | T | W | T | F | S |
|---|---|---|---|---|---|---|
| | | | | 1 | 2 | 3 | 4 |
| 5 | 6 | 7 | 8 | 9 | 10 | 11 |
| 12 | 13 | 14 | 15 | 16 | 17 | 18 |
| 19 | 20 | 21 | 22 | 23 | 24 | 25 |
| 26 | 27 | 28 | 29 | 30 | 31 | |

| THURSDAY | FRIDAY | SATURDAY | NOTES |
|---|---|---|---|
| 5 | 6 | 7 | |
| 12 | 13 | 14 | |
| 19 | 20 | 21 | |
| 26 | 27 | 28 | |

2025

# 2025

| January | February | March | April | May | June |
| --- | --- | --- | --- | --- | --- |
| 1 W | 1 S | 1 S | 1 T | 1 T | 1 S |
| 2 T | 2 S | 2 S | 2 W | 2 F | 2 M |
| 3 F | 3 M | 3 M | 3 T | 3 S | 3 T |
| 4 S | 4 T | 4 T | 4 F | 4 S | 4 W |
| 5 S | 5 W | 5 W | 5 S | 5 M | 5 T |
| 6 M | 6 T | 6 T | 6 S | 6 T | 6 F |
| 7 T | 7 F | 7 F | 7 M | 7 W | 7 S |
| 8 W | 8 S | 8 S | 8 T | 8 T | 8 S |
| 9 T | 9 S | 9 S | 9 W | 9 F | 9 M |
| 10 F | 10 M | 10 M | 10 T | 10 S | 10 T |
| 11 S | 11 T | 11 T | 11 F | 11 S | 11 W |
| 12 S | 12 W | 12 W | 12 S | 12 M | 12 T |
| 13 M | 13 T | 13 T | 13 S | 13 T | 13 F |
| 14 T | 14 F | 14 F | 14 M | 14 W | 14 S |
| 15 W | 15 S | 15 S | 15 T | 15 T | 15 S |
| 16 T | 16 S | 16 S | 16 W | 16 F | 16 M |
| 17 F | 17 M | 17 M | 17 T | 17 S | 17 T |
| 18 S | 18 T | 18 T | 18 F | 18 S | 18 W |
| 19 S | 19 W | 19 W | 19 S | 19 M | 19 T |
| 20 M | 20 T | 20 T | 20 S | 20 T | 20 F |
| 21 T | 21 F | 21 F | 21 M | 21 W | 21 S |
| 22 W | 22 S | 22 S | 22 T | 22 T | 22 S |
| 23 T | 23 S | 23 S | 23 W | 23 F | 23 M |
| 24 F | 24 M | 24 M | 24 T | 24 S | 24 T |
| 25 S | 25 T | 25 T | 25 F | 25 S | 25 W |
| 26 S | 26 W | 26 W | 26 S | 26 M | 26 T |
| 27 M | 27 T | 27 T | 27 S | 27 T | 27 F |
| 28 T | 28 F | 28 F | 28 M | 28 W | 28 S |
| 29 W | | 29 S | 29 T | 29 T | 29 S |
| 30 T | | 30 S | 30 W | 30 F | 30 M |
| 31 F | | 31 M | | 31 S | |

| July | August | September | October | November | December |
|---|---|---|---|---|---|
| 1 T | 1 F | 1 M | 1 W | 1 S | 1 M |
| 2 W | 2 S | 2 T | 2 T | 2 S | 2 T |
| 3 T | 3 S | 3 W | 3 F | 3 M | 3 W |
| 4 F | 4 M | 4 T | 4 S | 4 T | 4 T |
| 5 S | 5 T | 5 F | 5 S | 5 W | 5 F |
| 6 S | 6 W | 6 S | 6 M | 6 T | 6 S |
| 7 M | 7 T | 7 S | 7 T | 7 F | 7 S |
| 8 T | 8 F | 8 M | 8 W | 8 S | 8 M |
| 9 W | 9 S | 9 T | 9 T | 9 S | 9 T |
| 10 T | 10 S | 10 W | 10 F | 10 M | 10 W |
| 11 F | 11 M | 11 T | 11 S | 11 T | 11 T |
| 12 S | 12 T | 12 F | 12 S | 12 W | 12 F |
| 13 S | 13 W | 13 S | 13 M | 13 T | 13 S |
| 14 M | 14 T | 14 S | 14 T | 14 F | 14 S |
| 15 T | 15 F | 15 M | 15 W | 15 S | 15 M |
| 16 W | 16 S | 16 T | 16 T | 16 S | 16 T |
| 17 T | 17 S | 17 W | 17 F | 17 M | 17 W |
| 18 F | 18 M | 18 T | 18 S | 18 T | 18 T |
| 19 S | 19 T | 19 F | 19 S | 19 W | 19 F |
| 20 S | 20 W | 20 S | 20 M | 20 T | 20 S |
| 21 M | 21 T | 21 S | 21 T | 21 F | 21 S |
| 22 T | 22 F | 22 M | 22 W | 22 S | 22 M |
| 23 W | 23 S | 23 T | 23 T | 23 S | 23 T |
| 24 T | 24 S | 24 W | 24 F | 24 M | 24 W |
| 25 F | 25 M | 25 T | 25 S | 25 T | 25 T |
| 26 S | 26 T | 26 F | 26 S | 26 W | 26 F |
| 27 S | 27 W | 27 S | 27 M | 27 T | 27 S |
| 28 M | 28 T | 28 S | 28 T | 28 F | 28 S |
| 29 T | 29 F | 29 M | 29 W | 29 S | 29 M |
| 30 W | 30 S | 30 T | 30 T | 30 S | 30 T |
| 31 T | 31 S |  | 31 F |  | 31 W |

# JANUARY 2025

| SUNDAY | MONDAY | TUESDAY | WEDNESDAY |
|---|---|---|---|
| | | | 1<br><br>New Year's Day |
| 5 | 6 | 7 | 8 |
| 12 | 13 | 14 | 15 |
| 19 | 20<br><br>Martin Luther King Day | 21 | 22 |
| 26 | 27 | 28 | 29 |

**DECEMBER 2024**

| S | M | T | W | T | F | S |
|---|---|---|---|---|---|---|
| 1 | 2 | 3 | 4 | 5 | 6 | 7 |
| 8 | 9 | 10 | 11 | 12 | 13 | 14 |
| 15 | 16 | 17 | 18 | 19 | 20 | 21 |
| 22 | 23 | 24 | 25 | 26 | 27 | 28 |
| 29 | 30 | 31 | | | | |

**JANUARY**

| S | M | T | W | T | F | S |
|---|---|---|---|---|---|---|
| | | | 1 | 2 | 3 | 4 |
| 5 | 6 | 7 | 8 | 9 | 10 | 11 |
| 12 | 13 | 14 | 15 | 16 | 17 | 18 |
| 19 | 20 | 21 | 22 | 23 | 24 | 25 |
| 26 | 27 | 28 | 29 | 30 | 31 | |

**FEBRUARY**

| S | M | T | W | T | F | S |
|---|---|---|---|---|---|---|
| | | | | | | 1 |
| 2 | 3 | 4 | 5 | 6 | 7 | 8 |
| 9 | 10 | 11 | 12 | 13 | 14 | 15 |
| 16 | 17 | 18 | 19 | 20 | 21 | 22 |
| 23 | 24 | 25 | 26 | 27 | 28 | |

<table>
<tr><th>THURSDAY</th><th>FRIDAY</th><th>SATURDAY</th><th>NOTES</th></tr>
<tr><td>2</td><td>3</td><td>4</td><td></td></tr>
<tr><td>9</td><td>10</td><td>11</td><td></td></tr>
<tr><td>16</td><td>17</td><td>18</td><td></td></tr>
<tr><td>23</td><td>24</td><td>25</td><td></td></tr>
<tr><td>30</td><td>31</td><td></td><td></td></tr>
</table>

# FEBRUARY 2025

| SUNDAY | MONDAY | TUESDAY | WEDNESDAY |
|---|---|---|---|
| | | | |
| 2 | 3 | 4 | 5 |
| 9 | 10 | 11 | 12 |
| 16 | 17 Presidents' Day | 18 | 19 |
| 23 | 24 | 25 | 26 |

**JANUARY**

| S | M | T | W | T | F | S |
|---|---|---|---|---|---|---|
| | | | 1 | 2 | 3 | 4 |
| 5 | 6 | 7 | 8 | 9 | 10 | 11 |
| 12 | 13 | 14 | 15 | 16 | 17 | 18 |
| 19 | 20 | 21 | 22 | 23 | 24 | 25 |
| 26 | 27 | 28 | 29 | 30 | 31 | |

**FEBRUARY**

| S | M | T | W | T | F | S |
|---|---|---|---|---|---|---|
| | | | | | | 1 |
| 2 | 3 | 4 | 5 | 6 | 7 | 8 |
| 9 | 10 | 11 | 12 | 13 | 14 | 15 |
| 16 | 17 | 18 | 19 | 20 | 21 | 22 |
| 23 | 24 | 25 | 26 | 27 | 28 | |

**MARCH**

| S | M | T | W | T | F | S |
|---|---|---|---|---|---|---|
| | | | | | | 1 |
| 2 | 3 | 4 | 5 | 6 | 7 | 8 |
| 9 | 10 | 11 | 12 | 13 | 14 | 15 |
| 16 | 17 | 18 | 19 | 20 | 21 | 22 |
| 23 | 24 | 25 | 26 | 27 | 28 | 29 |
| 30 | 31 | | | | | |

| THURSDAY | FRIDAY | SATURDAY | NOTES |
| --- | --- | --- | --- |
|  |  | 1 |  |
| 6 | 7 | 8 |  |
| 13 | 14 | 15 |  |
| 20 | 21 | 22 |  |
| 27 | 28 |  |  |
| ☐ | ☐ | ☐ |  |
| ☐ | ☐ | ☐ |  |
| ☐ | ☐ | ☐ |  |
| ☐ | ☐ | ☐ |  |
| ☐ | ☐ | ☐ |  |

# MARCH 2025

| SUNDAY | MONDAY | TUESDAY | WEDNESDAY |
|--------|--------|---------|-----------|
|  |  |  |  |
| 2 | 3 | 4 | 5 |
| 9 | 10 | 11 | 12 |
| 16 | 17 | 18 | 19 |
| 23 | 24 | 25 | 26 |
| 30 | 31 |  |  |

**FEBRUARY**

| S | M | T | W | T | F | S |
|---|---|---|---|---|---|---|
|  |  |  |  |  |  | 1 |
| 2 | 3 | 4 | 5 | 6 | 7 | 8 |
| 9 | 10 | 11 | 12 | 13 | 14 | 15 |
| 16 | 17 | 18 | 19 | 20 | 21 | 22 |
| 23 | 24 | 25 | 26 | 27 | 28 |  |

**MARCH**

| S | M | T | W | T | F | S |
|---|---|---|---|---|---|---|
|  |  |  |  |  |  | 1 |
| 2 | 3 | 4 | 5 | 6 | 7 | 8 |
| 9 | 10 | 11 | 12 | 13 | 14 | 15 |
| 16 | 17 | 18 | 19 | 20 | 21 | 22 |
| 23 | 24 | 25 | 26 | 27 | 28 | 29 |
| 30 | 31 |  |  |  |  |  |

| THURSDAY | FRIDAY | SATURDAY | NOTES |
|---|---|---|---|
|  |  | 1 |  |
| 6 | 7 | 8 |  |
| 13 | 14 | 15 |  |
| 20 | 21 | 22 |  |
| 27 | 28 | 29 |  |

# APRIL 2025

| SUNDAY | MONDAY | TUESDAY | WEDNESDAY |
|---|---|---|---|
|  |  | 1 | 2 |
| 6 | 7 | 8 | 9 |
| 13 | 14 | 15 | 16 |
| 20 | 21 | 22 | 23 |
| 27 | 28 | 29 | 30 |

**MARCH**

| S | M | T | W | T | F | S |
|---|---|---|---|---|---|---|
|  |  |  |  |  |  | 1 |
| 2 | 3 | 4 | 5 | 6 | 7 | 8 |
| 9 | 10 | 11 | 12 | 13 | 14 | 15 |
| 16 | 17 | 18 | 19 | 20 | 21 | 22 |
| 23 | 24 | 25 | 26 | 27 | 28 | 29 |
| 30 | 31 |  |  |  |  |  |

**APRIL**

| S | M | T | W | T | F | S |
|---|---|---|---|---|---|---|
|  |  | 1 | 2 | 3 | 4 | 5 |
| 6 | 7 | 8 | 9 | 10 | 11 | 12 |
| 13 | 14 | 15 | 16 | 17 | 18 | 19 |
| 20 | 21 | 22 | 23 | 24 | 25 | 26 |
| 27 | 28 | 29 | 30 |  |  |  |

**MAY**

| S | M | T | W | T | F | S |
|---|---|---|---|---|---|---|
|  |  |  |  | 1 | 2 | 3 |
| 4 | 5 | 6 | 7 | 8 | 9 | 10 |
| 11 | 12 | 13 | 14 | 15 | 16 | 17 |
| 18 | 19 | 20 | 21 | 22 | 23 | 24 |
| 25 | 26 | 27 | 28 | 29 | 30 | 31 |

| THURSDAY | FRIDAY | SATURDAY | NOTES |
|---|---|---|---|
| 3 | 4 | 5 | |
| 10 | 11 | 12 | |
| 17 | 18 | 19 | |
| 24 | 25 | 26 | |
| □ | □ | □ | |
| □ | □ | □ | |
| □ | □ | □ | |
| □ | □ | □ | |
| □ | □ | □ | |

# MAY 2025

| SUNDAY | MONDAY | TUESDAY | WEDNESDAY |
|---|---|---|---|
|  |  |  |  |
| 4 | 5 | 6 | 7 |
| 11 | 12 | 13 | 14 |
| 18 | 19 | 20 | 21 |
| 25 | 26 Memorial Day | 27 | 28 |

**APRIL**

| S | M | T | W | T | F | S |
|---|---|---|---|---|---|---|
|  |  | 1 | 2 | 3 | 4 | 5 |
| 6 | 7 | 8 | 9 | 10 | 11 | 12 |
| 13 | 14 | 15 | 16 | 17 | 18 | 19 |
| 20 | 21 | 22 | 23 | 24 | 25 | 26 |
| 27 | 28 | 29 | 30 |  |  |  |

**MAY**

| S | M | T | W | T | F | S |
|---|---|---|---|---|---|---|
|  |  |  |  | 1 | 2 | 3 |
| 4 | 5 | 6 | 7 | 8 | 9 | 10 |
| 11 | 12 | 13 | 14 | 15 | 16 | 17 |
| 18 | 19 | 20 | 21 | 22 | 23 | 24 |
| 25 | 26 | 27 | 28 | 29 | 30 | 31 |

**JUNE**

| S | M | T | W | T | F | S |
|---|---|---|---|---|---|---|
| 1 | 2 | 3 | 4 | 5 | 6 | 7 |
| 8 | 9 | 10 | 11 | 12 | 13 | 14 |
| 15 | 16 | 17 | 18 | 19 | 20 | 21 |
| 22 | 23 | 24 | 25 | 26 | 27 | 28 |
| 29 | 30 |  |  |  |  |  |

| THURSDAY | FRIDAY | SATURDAY | NOTES |
|---|---|---|---|
| 1 | 2 | 3 | |
| 8 | 9 | 10 | |
| 15 | 16 | 17 | |
| 22 | 23 | 24 | |
| 29 | 30 | 31 | |

# JUNE 2025

| SUNDAY | MONDAY | TUESDAY | WEDNESDAY |
|---|---|---|---|
| 1 | 2 | 3 | 4 |
| 8 | 9 | 10 | 11 |
| 15 | 16 | 17 | 18 |
| 22 | 23 | 24 | 25 |
| 28 | 30 | | |

**MAY**

| S | M | T | W | T | F | S |
|---|---|---|---|---|---|---|
| | | | | 1 | 2 | 3 |
| 4 | 5 | 6 | 7 | 8 | 9 | 10 |
| 11 | 12 | 13 | 14 | 15 | 16 | 17 |
| 18 | 19 | 20 | 21 | 22 | 23 | 24 |
| 25 | 26 | 27 | 28 | 29 | 30 | 31 |

**JUNE**

| S | M | T | W | T | F | S |
|---|---|---|---|---|---|---|
| 1 | 2 | 3 | 4 | 5 | 6 | 7 |
| 8 | 9 | 10 | 11 | 12 | 13 | 14 |
| 15 | 16 | 17 | 18 | 19 | 20 | 21 |
| 22 | 23 | 24 | 25 | 26 | 27 | 28 |
| 29 | 30 | | | | | |

**JULY**

| S | M | T | W | T | F | S |
|---|---|---|---|---|---|---|
| | | 1 | 2 | 3 | 4 | 5 |
| 6 | 7 | 8 | 9 | 10 | 11 | 12 |
| 13 | 14 | 15 | 16 | 17 | 18 | 19 |
| 20 | 21 | 22 | 23 | 24 | 25 | 26 |
| 27 | 28 | 29 | 30 | 31 | | |

| THURSDAY | FRIDAY | SATURDAY | NOTES |
|---|---|---|---|
| 5 | 6 | 7 | |
| 12 | 13 | 14 | |
| 19 | 20 | 21 | |
| 26 | 27 | 28 | |

# JULY 2025

| SUNDAY | MONDAY | TUESDAY | WEDNESDAY |
|---|---|---|---|
|  |  | 1 | 2 |
| 6 | 7 | 8 | 9 |
| 13 | 14 | 15 | 16 |
| 20 | 21 | 22 | 23 |
| 27 | 28 | 29 | 30 |

**JUNE**

| S | M | T | W | T | F | S |
|---|---|---|---|---|---|---|
| 1 | 2 | 3 | 4 | 5 | 6 | 7 |
| 8 | 9 | 10 | 11 | 12 | 13 | 14 |
| 15 | 16 | 17 | 18 | 19 | 20 | 21 |
| 22 | 23 | 24 | 25 | 26 | 27 | 28 |
| 29 | 30 |  |  |  |  |  |

**JULY**

| S | M | T | W | T | F | S |
|---|---|---|---|---|---|---|
|  |  | 1 | 2 | 3 | 4 | 5 |
| 6 | 7 | 8 | 9 | 10 | 11 | 12 |
| 13 | 14 | 15 | 16 | 17 | 18 | 19 |
| 20 | 21 | 22 | 23 | 24 | 25 | 26 |
| 27 | 28 | 29 | 30 | 31 |  |  |

**AUGUST**

| S | M | T | W | T | F | S |
|---|---|---|---|---|---|---|
|  |  |  |  |  | 1 | 2 |
| 3 | 4 | 5 | 6 | 7 | 8 | 9 |
| 10 | 11 | 12 | 13 | 14 | 15 | 16 |
| 17 | 18 | 19 | 20 | 21 | 22 | 23 |
| 24 | 25 | 26 | 27 | 28 | 29 | 30 |
| 31 |  |  |  |  |  |  |

| THURSDAY | FRIDAY | SATURDAY | NOTES |
|---|---|---|---|
| 3 | 4 | 5 | |
| | Independence Day | | |
| 10 | 11 | 12 | |
| 17 | 18 | 19 | |
| 24 | 25 | 26 | |
| 31 | | | |
| □ | □ | □ | |
| □ | □ | □ | |
| □ | □ | □ | |
| □ | □ | □ | |
| □ | □ | □ | |

# AUGUST 2025

| SUNDAY | MONDAY | TUESDAY | WEDNE SDAY |
|---|---|---|---|
|  |  |  |  |
| 3 | 4 | 5 | 6 |
| 10 | 11 | 12 | 13 |
| 17 | 18 | 19 | 20 |
| 24 | 25 | 26 | 27 |
| 31 |  |  |  |

JULY

| S | M | T | W | T | F | S |
|---|---|---|---|---|---|---|
|  |  | 1 | 2 | 3 | 4 | 5 |
| 6 | 7 | 8 | 9 | 10 | 11 | 12 |
| 13 | 14 | 15 | 16 | 17 | 18 | 19 |
| 20 | 21 | 22 | 23 | 24 | 25 | 26 |
| 27 | 28 | 29 | 30 | 31 |  |  |

AUGUST

| S | M | T | W | T | F | S |
|---|---|---|---|---|---|---|
|  |  |  |  |  | 1 | 2 |
| 3 | 4 | 5 | 6 | 7 | 8 | 9 |
| 10 | 11 | 12 | 13 | 14 | 15 | 16 |
| 17 | 18 | 19 | 20 | 21 | 22 | 23 |
| 24 | 25 | 26 | 27 | 28 | 29 | 30 |
| 31 |  |  |  |  |  |  |

SEPTEMBER

| S | M | T | W | T | F | S |
|---|---|---|---|---|---|---|
|  | 1 | 2 | 3 | 4 | 5 | 6 |
| 7 | 8 | 9 | 10 | 11 | 12 | 13 |
| 14 | 15 | 16 | 17 | 18 | 19 | 20 |
| 21 | 22 | 23 | 24 | 25 | 26 | 27 |
| 28 | 29 | 30 |  |  |  |  |

| THURSDAY | FRIDAY | SATURDAY | NOTES |
|---|---|---|---|
|  | 1 | 2 |  |
| 7 | 8 | 9 |  |
| 14 | 15 | 16 |  |
| 21 | 22 | 23 |  |
| 28 | 29 | 30 |  |

# SEPTEMBER 2025

| SUNDAY | MONDAY | TUESDAY | WEDNESDAY |
|---|---|---|---|
|  | 1<br><br>Labor Day | 2 | 3 |
| 7 | 8 | 9 | 10 |
| 14 | 15 | 16 | 17 |
| 21 | 22 | 23 | 24 |
| 28 | 29 | 30 |  |

**AUGUST**

| S | M | T | W | T | F | S |
|---|---|---|---|---|---|---|
|  |  |  |  |  | 1 | 2 |
| 3 | 4 | 5 | 6 | 7 | 8 | 9 |
| 10 | 11 | 12 | 13 | 14 | 15 | 16 |
| 17 | 18 | 19 | 20 | 21 | 22 | 23 |
| 24 | 25 | 26 | 27 | 28 | 29 | 30 |
| 31 |  |  |  |  |  |  |

**SEPTEMBER**

| S | M | T | W | T | F | S |
|---|---|---|---|---|---|---|
|  | 1 | 2 | 3 | 4 | 5 | 6 |
| 7 | 8 | 9 | 10 | 11 | 12 | 13 |
| 14 | 15 | 16 | 17 | 18 | 19 | 20 |
| 21 | 22 | 23 | 24 | 25 | 26 | 27 |
| 28 | 29 | 30 |  |  |  |  |

**OCTOBER**

| S | M | T | W | T | F | S |
|---|---|---|---|---|---|---|
|  |  |  | 1 | 2 | 3 | 4 |
| 5 | 6 | 7 | 8 | 9 | 10 | 11 |
| 12 | 13 | 14 | 15 | 16 | 17 | 18 |
| 19 | 20 | 21 | 22 | 23 | 24 | 25 |
| 26 | 27 | 28 | 29 | 30 | 31 |  |

| THURSDAY | FRIDAY | SATURDAY | NOTES |
|---|---|---|---|
| 4 | 5 | 6 | |
| 11 | 12 | 13 | |
| 18 | 19 | 20 | |
| 25 | 26 | 27 | |

# OCTOBER 2025

| SUNDAY | MONDAY | TUESDAY | WEDNESDAY |
|---|---|---|---|
| | | | 1 |
| 5 | 6 | 7 | 8 |
| 12 | 13 Columbus Day | 14 | 15 |
| 19 | 20 | 21 | 22 |
| 26 | 27 | 28 | 29 |

**SEPTEMBER**

| S | M | T | W | T | F | S |
|---|---|---|---|---|---|---|
| | 1 | 2 | 3 | 4 | 5 | 6 |
| 7 | 8 | 9 | 10 | 11 | 12 | 13 |
| 14 | 15 | 16 | 17 | 18 | 19 | 20 |
| 21 | 22 | 23 | 24 | 25 | 26 | 27 |
| 28 | 29 | 30 | | | | |

**OCTOBER**

| S | M | T | W | T | F | S |
|---|---|---|---|---|---|---|
| | | | 1 | 2 | 3 | 4 |
| 5 | 6 | 7 | 8 | 9 | 10 | 11 |
| 12 | 13 | 14 | 15 | 16 | 17 | 18 |
| 19 | 20 | 21 | 22 | 23 | 24 | 25 |
| 26 | 27 | 28 | 29 | 30 | 31 | |

**NOVEMBER**

| S | M | T | W | T | F | S |
|---|---|---|---|---|---|---|
| | | | | | | 1 |
| 2 | 3 | 4 | 5 | 6 | 7 | 8 |
| 9 | 10 | 11 | 12 | 13 | 14 | 15 |
| 16 | 17 | 18 | 19 | 20 | 21 | 22 |
| 23 | 24 | 25 | 26 | 27 | 28 | 29 |
| 30 | | | | | | |

| THURSDAY | FRIDAY | SATURDAY | NOTES |
|---|---|---|---|
| 2 | 3 | 4 | |
| 9 | 10 | 11 | |
| 16 | 17 | 18 | |
| 23 | 24 | 25 | |
| 30 | 31 | | |
| □ | □ | □ | |
| □ | □ | □ | |
| □ | □ | □ | |
| □ | □ | □ | |
| □ | □ | □ | |

# NOVEMBER 2025

| SUNDAY | MONDAY | TUESDAY | WEDNESDAY |
|---|---|---|---|
|  |  |  |  |
| 2 | 3 | 4 | 5 |
| 9 | 10 | 11 *Veterans' Day* | 12 |
| 16 | 17 | 18 | 19 |
| 23 | 24 | 25 | 26 |
| 30 | | | |

**OCTOBER**

| S | M | T | W | T | F | S |
|---|---|---|---|---|---|---|
|  |  |  | 1 | 2 | 3 | 4 |
| 5 | 6 | 7 | 8 | 9 | 10 | 11 |
| 12 | 13 | 14 | 15 | 16 | 17 | 18 |
| 19 | 20 | 21 | 22 | 23 | 24 | 25 |
| 26 | 27 | 28 | 29 | 30 | 31 |  |

**NOVEMBER**

| S | M | T | W | T | F | S |
|---|---|---|---|---|---|---|
|  |  |  |  |  |  | 1 |
| 2 | 3 | 4 | 5 | 6 | 7 | 8 |
| 9 | 10 | 11 | 12 | 13 | 14 | 15 |
| 16 | 17 | 18 | 19 | 20 | 21 | 22 |
| 23 | 24 | 25 | 26 | 27 | 28 | 29 |
| 30 |  |  |  |  |  |  |

**DECEMBER**

| S | M | T | W | T | F | S |
|---|---|---|---|---|---|---|
|  | 1 | 2 | 3 | 4 | 5 | 6 |
| 7 | 8 | 9 | 10 | 11 | 12 | 13 |
| 14 | 15 | 16 | 17 | 18 | 19 | 20 |
| 21 | 22 | 23 | 24 | 25 | 26 | 27 |
| 28 | 29 | 30 | 31 |  |  |  |

<table>
<tr><th>THURSDAY</th><th>FRIDAY</th><th>SATURDAY</th><th>NOTES</th></tr>
<tr><td></td><td></td><td>1</td><td></td></tr>
<tr><td>6</td><td>7</td><td>8</td><td></td></tr>
<tr><td>13</td><td>14</td><td>15</td><td></td></tr>
<tr><td>20</td><td>21</td><td>22</td><td></td></tr>
<tr><td>27<br><br>Thanksgiving Day</td><td>28</td><td>29</td><td></td></tr>
</table>

# DECEMBER 2025

| SUNDAY | MONDAY | TUESDAY | WEDNESDAY |
|---|---|---|---|
|  | 1 | 2 | 3 |
| 7 | 8 | 9 | 10 |
| 14 | 15 | 16 | 17 |
| 21 | 22 | 23 | 24 |
| 28 | 29 | 30 | 31 |

**NOVEMBER**

| S | M | T | W | T | F | S |
|---|---|---|---|---|---|---|
|  |  |  |  |  |  | 1 |
| 2 | 3 | 4 | 5 | 6 | 7 | 8 |
| 9 | 10 | 11 | 12 | 13 | 14 | 15 |
| 16 | 17 | 18 | 19 | 20 | 21 | 22 |
| 23 | 24 | 25 | 26 | 27 | 28 | 29 |
| 30 |  |  |  |  |  |  |

**DECEMBER**

| S | M | T | W | T | F | S |
|---|---|---|---|---|---|---|
|  | 1 | 2 | 3 | 4 | 5 | 6 |
| 7 | 8 | 9 | 10 | 11 | 12 | 13 |
| 14 | 15 | 16 | 17 | 18 | 19 | 20 |
| 21 | 22 | 23 | 24 | 25 | 26 | 27 |
| 28 | 29 | 30 | 31 |  |  |  |

**JANUARY 2026**

| S | M | T | W | T | F | S |
|---|---|---|---|---|---|---|
|  |  |  |  | 1 | 2 | 3 |
| 4 | 5 | 6 | 7 | 8 | 9 | 10 |
| 11 | 12 | 13 | 14 | 15 | 16 | 17 |
| 18 | 19 | 20 | 21 | 22 | 23 | 24 |
| 25 | 26 | 27 | 28 | 29 | 30 | 31 |

| THURSDAY | FRIDAY | SATURDAY | NOTES |
|---|---|---|---|
| 4 | 5 | 6 | |
| 11 | 12 | 13 | |
| 18 | 19 | 20 | |
| 25 Christmas Day | 26 | 27 | |

2026

# 2026

| January | February | March | April | May | June |
| --- | --- | --- | --- | --- | --- |
| 1 T | 1 S | 1 S | 1 W | 1 F | 1 M |
| 2 F | 2 M | 2 M | 2 T | 2 S | 2 T |
| 3 S | 3 T | 3 T | 3 F | 3 S | 3 W |
| 4 S | 4 W | 4 W | 4 S | 4 M | 4 T |
| 5 M | 5 T | 5 T | 5 S | 5 T | 5 F |
| 6 T | 6 F | 6 F | 6 M | 6 W | 6 S |
| 7 W | 7 S | 7 S | 7 T | 7 T | 7 S |
| 8 T | 8 S | 8 S | 8 W | 8 F | 8 M |
| 9 F | 9 M | 9 M | 9 T | 9 S | 9 T |
| 10 S | 10 T | 10 T | 10 F | 10 S | 10 W |
| 11 S | 11 W | 11 W | 11 S | 11 M | 11 T |
| 12 M | 12 T | 12 T | 12 S | 12 T | 12 F |
| 13 T | 13 F | 13 F | 13 M | 13 W | 13 S |
| 14 W | 14 S | 14 S | 14 T | 14 T | 14 S |
| 15 T | 15 S | 15 S | 15 W | 15 F | 15 M |
| 16 F | 16 M | 16 M | 16 T | 16 S | 16 T |
| 17 S | 17 T | 17 T | 17 F | 17 S | 17 W |
| 18 S | 18 W | 18 W | 18 S | 18 M | 18 T |
| 19 M | 19 T | 19 T | 19 S | 19 T | 19 F |
| 20 T | 20 F | 20 F | 20 M | 20 W | 20 S |
| 21 W | 21 S | 21 S | 21 T | 21 T | 21 S |
| 22 T | 22 S | 22 S | 22 W | 22 F | 22 M |
| 23 F | 23 M | 23 M | 23 T | 23 S | 23 T |
| 24 S | 24 T | 24 T | 24 F | 24 S | 24 W |
| 25 S | 25 W | 25 W | 25 S | 25 M | 25 T |
| 26 M | 26 T | 26 T | 26 S | 26 T | 26 F |
| 27 T | 27 F | 27 F | 27 M | 27 W | 27 S |
| 28 W | 28 S | 28 S | 28 T | 28 T | 28 S |
| 29 T | | 29 S | 29 W | 29 F | 29 M |
| 30 F | | 30 M | 30 T | 30 S | 30 T |
| 31 S | | 31 T | | 31 S | |

| July | August | September | October | November | December |
|---|---|---|---|---|---|
| 1 W | 1 S | 1 T | 1 T | 1 S | 1 T |
| 2 T | 2 S | 2 W | 2 F | 2 M | 2 W |
| 3 F | 3 M | 3 T | 3 S | 3 T | 3 T |
| 4 S | 4 T | 4 F | 4 S | 4 W | 4 F |
| 5 S | 5 W | 5 S | 5 M | 5 T | 5 S |
| 6 M | 6 T | 6 S | 6 T | 6 F | 6 S |
| 7 T | 7 F | 7 M | 7 W | 7 S | 7 M |
| 8 W | 8 S | 8 T | 8 T | 8 S | 8 T |
| 9 T | 9 S | 9 W | 9 F | 9 M | 9 W |
| 10 F | 10 M | 10 T | 10 S | 10 T | 10 T |
| 11 S | 11 T | 11 F | 11 S | 11 W | 11 F |
| 12 S | 12 W | 12 S | 12 M | 12 T | 12 S |
| 13 M | 13 T | 13 S | 13 T | 13 F | 13 S |
| 14 T | 14 F | 14 M | 14 W | 14 S | 14 M |
| 15 W | 15 S | 15 T | 15 T | 15 S | 15 T |
| 16 T | 16 S | 16 W | 16 F | 16 M | 16 W |
| 17 F | 17 M | 17 T | 17 S | 17 T | 17 T |
| 18 S | 18 T | 18 F | 18 S | 18 W | 18 F |
| 19 S | 19 W | 19 S | 19 M | 19 T | 19 S |
| 20 M | 20 T | 20 S | 20 T | 20 F | 20 S |
| 21 T | 21 F | 21 M | 21 W | 21 S | 21 M |
| 22 W | 22 S | 22 T | 22 T | 22 S | 22 T |
| 23 T | 23 S | 23 W | 23 F | 23 M | 23 W |
| 24 F | 24 M | 24 T | 24 S | 24 T | 24 T |
| 25 S | 25 T | 25 F | 25 S | 25 W | 25 F |
| 26 S | 26 W | 26 S | 26 M | 26 T | 26 S |
| 27 M | 27 T | 27 S | 27 T | 27 F | 27 S |
| 28 T | 28 F | 28 M | 28 W | 28 S | 28 M |
| 29 W | 29 S | 29 T | 29 T | 29 S | 29 T |
| 30 T | 30 S | 30 W | 30 F | 30 M | 30 W |
| 31 F | 31 M | | 31 S | | 31 T |

# JANUARY 2026

| SUNDAY | MONDAY | TUESDAY | WEDNESDAY |
|---|---|---|---|
|  |  |  |  |
| 4 | 5 | 6 | 7 |
| 11 | 12 | 13 | 14 |
| 18 | 19 | 20 | 21 |
| 25 | 26 | 27 | 28 |

Martin Luther King Day

<table>
<tr><td>DECEMBER</td><td>2025</td><td>JANUARY</td><td>FEBRUARY</td></tr>
</table>

**DECEMBER 2025**

| S | M | T | W | T | F | S |
|---|---|---|---|---|---|---|
|  | 1 | 2 | 3 | 4 | 5 | 6 |
| 7 | 8 | 9 | 10 | 11 | 12 | 13 |
| 14 | 15 | 16 | 17 | 18 | 19 | 20 |
| 21 | 22 | 23 | 24 | 25 | 26 | 27 |
| 28 | 29 | 30 | 31 |  |  |  |

**JANUARY**

| S | M | T | W | T | F | S |
|---|---|---|---|---|---|---|
|  |  |  |  | 1 | 2 | 3 |
| 4 | 5 | 6 | 7 | 8 | 9 | 10 |
| 11 | 12 | 13 | 14 | 15 | 16 | 17 |
| 18 | 19 | 20 | 21 | 22 | 23 | 24 |
| 25 | 26 | 27 | 28 | 29 | 30 | 31 |

**FEBRUARY**

| S | M | T | W | T | F | S |
|---|---|---|---|---|---|---|
| 1 | 2 | 3 | 4 | 5 | 6 | 7 |
| 8 | 9 | 10 | 11 | 12 | 13 | 14 |
| 15 | 16 | 17 | 18 | 19 | 20 | 21 |
| 22 | 23 | 24 | 25 | 26 | 27 | 28 |

| THURSDAY | FRIDAY | SATURDAY | NOTES |
| --- | --- | --- | --- |
| 1 <br><br> New Year's Day | 2 | 3 | |
| 8 | 9 | 10 | |
| 15 | 16 | 17 | |
| 22 | 23 | 24 | |
| 29 | 30 | 31 | |
| ▫ | ▫ | ▫ | |
| ▫ | ▫ | ▫ | |
| ▫ | ▫ | ▫ | |
| ▫ | ▫ | ▫ | |
| ▫ | ▫ | ▫ | |

# FEBRUARY 2026

| SUNDAY | MONDAY | TUESDAY | WEDNESDAY |
|---|---|---|---|
| 1 | 2 | 3 | 4 |
| 8 | 9 | 10 | 11 |
| 15 | 16 | 17 | 18 |
| | Presidents' Day | | |
| 22 | 23 | 24 | 25 |

**JANUARY**

| S | M | T | W | T | F | S |
|---|---|---|---|---|---|---|
| | | | | 1 | 2 | 3 |
| 4 | 5 | 6 | 7 | 8 | 9 | 10 |
| 11 | 12 | 13 | 14 | 15 | 16 | 17 |
| 18 | 19 | 20 | 21 | 22 | 23 | 24 |
| 25 | 26 | 27 | 28 | 29 | 30 | 31 |

**FEBRUARY**

| S | M | T | W | T | F | S |
|---|---|---|---|---|---|---|
| 1 | 2 | 3 | 4 | 5 | 6 | 7 |
| 8 | 9 | 10 | 11 | 12 | 13 | 14 |
| 15 | 16 | 17 | 18 | 19 | 20 | 21 |
| 22 | 23 | 24 | 25 | 26 | 27 | 28 |

**MARCH**

| S | M | T | W | T | F | S |
|---|---|---|---|---|---|---|
| 1 | 2 | 3 | 4 | 5 | 6 | 7 |
| 8 | 9 | 10 | 11 | 12 | 13 | 14 |
| 15 | 16 | 17 | 18 | 19 | 20 | 21 |
| 22 | 23 | 24 | 25 | 26 | 27 | 28 |
| 29 | 30 | 31 | | | | |

| THURSDAY | FRIDAY | SATURDAY | NOTES |
|---|---|---|---|
| 5 | 6 | 7 | |
| 12 | 13 | 14 | |
| 19 | 20 | 21 | |
| 26 | 27 | 28 | |

# MARCH 2026

| SUNDAY | MONDAY | TUESDAY | WEDNESDAY |
| --- | --- | --- | --- |
| 1 | 2 | 3 | 4 |
| 8 | 9 | 10 | 11 |
| 15 | 16 | 17 | 18 |
| 22 | 23 | 24 | 25 |
| 29 | 30 | 31 | |

**FEBRUARY**

| S | M | T | W | T | F | S |
| --- | --- | --- | --- | --- | --- | --- |
| 1 | 2 | 3 | 4 | 5 | 6 | 7 |
| 8 | 9 | 10 | 11 | 12 | 13 | 14 |
| 15 | 16 | 17 | 18 | 19 | 20 | 21 |
| 22 | 23 | 24 | 25 | 26 | 27 | 28 |

**MARCH**

| S | M | T | W | T | F | S |
| --- | --- | --- | --- | --- | --- | --- |
| 1 | 2 | 3 | 4 | 5 | 6 | 7 |
| 8 | 9 | 10 | 11 | 12 | 13 | 14 |
| 15 | 16 | 17 | 18 | 19 | 20 | 21 |
| 22 | 23 | 24 | 25 | 26 | 27 | 28 |
| 29 | 30 | 31 | | | | |

**APRIL**

| S | M | T | W | T | F | S |
| --- | --- | --- | --- | --- | --- | --- |
| | | | 1 | 2 | 3 | 4 |
| 5 | 6 | 7 | 8 | 9 | 10 | 11 |
| 12 | 13 | 14 | 15 | 16 | 17 | 18 |
| 19 | 20 | 21 | 22 | 23 | 24 | 25 |
| 26 | 27 | 28 | 29 | 30 | | |

| THURSDAY | FRIDAY | SATURDAY | NOTES |
|---|---|---|---|
| 5 | 6 | 7 | |
| 12 | 13 | 14 | |
| 19 | 20 | 21 | |
| 26 | 27 | 28 | |

# APRIL 2026

| SUNDAY | MONDAY | TUESDAY | WEDNESDAY |
|---|---|---|---|
|  |  |  | 1 |
| 5 | 6 | 7 | 8 |
| 12 | 13 | 14 | 15 |
| 19 | 20 | 21 | 22 |
| 26 | 27 | 28 | 29 |

**MARCH**

| S | M | T | W | T | F | S |
|---|---|---|---|---|---|---|
| 1 | 2 | 3 | 4 | 5 | 6 | 7 |
| 8 | 9 | 10 | 11 | 12 | 13 | 14 |
| 15 | 16 | 17 | 18 | 19 | 20 | 21 |
| 22 | 23 | 24 | 25 | 26 | 27 | 28 |
| 29 | 30 | 31 |  |  |  |  |

**APRIL**

| S | M | T | W | T | F | S |
|---|---|---|---|---|---|---|
|  |  |  | 1 | 2 | 3 | 4 |
| 5 | 6 | 7 | 8 | 9 | 10 | 11 |
| 12 | 13 | 14 | 15 | 16 | 17 | 18 |
| 19 | 20 | 21 | 22 | 23 | 24 | 25 |
| 26 | 27 | 28 | 29 | 30 |  |  |

**MAY**

| S | M | T | W | T | F | S |
|---|---|---|---|---|---|---|
|  |  |  |  |  | 1 | 2 |
| 3 | 4 | 5 | 6 | 7 | 8 | 9 |
| 10 | 11 | 12 | 13 | 14 | 15 | 16 |
| 17 | 18 | 19 | 20 | 21 | 22 | 23 |
| 24 | 25 | 26 | 27 | 28 | 29 | 30 |
| 31 |  |  |  |  |  |  |

| THURSDAY | FRIDAY | SATURDAY | NOTES |
|---|---|---|---|
| 2 | 3 | 4 | |
| 9 | 10 | 11 | |
| 16 | 17 | 18 | |
| 23 | 24 | 25 | |
| 30 | | | |

## MAY 2026

| SUNDAY | MONDAY | TUESDAY | WEDNESDAY |
|---|---|---|---|
| | | | |
| 3 | 4 | 5 | 6 |
| 10 | 11 | 12 | 13 |
| 17 | 18 | 19 | 20 |
| 24 | 25 | 26 | 27 |
| 31 | | | |

Memorial Day

**APRIL**

| S | M | T | W | T | F | S |
|---|---|---|---|---|---|---|
| | | | 1 | 2 | 3 | 4 |
| 5 | 6 | 7 | 8 | 9 | 10 | 11 |
| 12 | 13 | 14 | 15 | 16 | 17 | 18 |
| 19 | 20 | 21 | 22 | 23 | 24 | 25 |
| 26 | 27 | 28 | 29 | 30 | | |

**MAY**

| S | M | T | W | T | F | S |
|---|---|---|---|---|---|---|
| | | | | | 1 | 2 |
| 3 | 4 | 5 | 6 | 7 | 8 | 9 |
| 10 | 11 | 12 | 13 | 14 | 15 | 16 |
| 17 | 18 | 19 | 20 | 21 | 22 | 23 |
| 24 | 25 | 26 | 27 | 28 | 29 | 30 |
| 31 | | | | | | |

**JUNE**

| S | M | T | W | T | F | S |
|---|---|---|---|---|---|---|
| | 1 | 2 | 3 | 4 | 5 | 6 |
| 7 | 8 | 9 | 10 | 11 | 12 | 13 |
| 14 | 15 | 16 | 17 | 18 | 19 | 20 |
| 21 | 22 | 23 | 24 | 25 | 26 | 27 |
| 28 | 29 | 30 | | | | |

| THURSDAY | FRIDAY | SATURDAY | NOTES |
|---|---|---|---|
|  | 1 | 2 |  |
| 7 | 8 | 9 |  |
| 14 | 15 | 16 |  |
| 21 | 22 | 23 |  |
| 28 | 29 | 30 |  |

# JUNE 2026

| SUNDAY | MONDAY | TUESDAY | WEDNESDAY |
|---|---|---|---|
|  | 1 | 2 | 3 |
| 7 | 8 | 9 | 10 |
| 14 | 15 | 16 | 17 |
| 21 | 22 | 23 | 24 |
| 28 | 29 | 30 |  |

**MAY**

| S | M | T | W | T | F | S |
|---|---|---|---|---|---|---|
|  |  |  |  |  | 1 | 2 |
| 3 | 4 | 5 | 6 | 7 | 8 | 9 |
| 10 | 11 | 12 | 13 | 14 | 15 | 16 |
| 17 | 18 | 19 | 20 | 21 | 22 | 23 |
| 24 | 25 | 26 | 27 | 28 | 29 | 30 |
| 31 |  |  |  |  |  |  |

**JUNE**

| S | M | T | W | T | F | S |
|---|---|---|---|---|---|---|
|  | 1 | 2 | 3 | 4 | 5 | 6 |
| 7 | 8 | 9 | 10 | 11 | 12 | 13 |
| 14 | 15 | 16 | 17 | 18 | 19 | 20 |
| 21 | 22 | 23 | 24 | 25 | 26 | 27 |
| 28 | 29 | 30 |  |  |  |  |

**JULY**

| S | M | T | W | T | F | S |
|---|---|---|---|---|---|---|
|  |  |  | 1 | 2 | 3 | 4 |
| 5 | 6 | 7 | 8 | 9 | 10 | 11 |
| 12 | 13 | 14 | 15 | 16 | 17 | 18 |
| 19 | 20 | 21 | 22 | 23 | 24 | 25 |
| 26 | 27 | 28 | 29 | 30 | 31 |  |

| THURSDAY | FRIDAY | SATURDAY | NOTES |
|---|---|---|---|
| 4 | 5 | 6 | |
| 11 | 12 | 13 | |
| 18 | 19 | 20 | |
| 25 | 26 | 27 | |
| ☐ | ☐ | ☐ | |
| ☐ | ☐ | ☐ | |
| ☐ | ☐ | ☐ | |
| ☐ | ☐ | ☐ | |
| ☐ | ☐ | ☐ | |

# JULY 2026

| SUNDAY | MONDAY | TUESDAY | WEDNESDAY |
|---|---|---|---|
|  |  |  | 1 |
| 5 | 6 | 7 | 8 |
| 12 | 13 | 14 | 15 |
| 19 | 20 | 21 | 22 |
| 26 | 27 | 28 | 29 |

**JUNE**

| S | M | T | W | T | F | S |
|---|---|---|---|---|---|---|
|  | 1 | 2 | 3 | 4 | 5 | 6 |
| 7 | 8 | 9 | 10 | 11 | 12 | 13 |
| 14 | 15 | 16 | 17 | 18 | 19 | 20 |
| 21 | 22 | 23 | 24 | 25 | 26 | 27 |
| 28 | 29 | 30 |  |  |  |  |

**JULY**

| S | M | T | W | T | F | S |
|---|---|---|---|---|---|---|
|  |  |  | 1 | 2 | 3 | 4 |
| 5 | 6 | 7 | 8 | 9 | 10 | 11 |
| 12 | 13 | 14 | 15 | 16 | 17 | 18 |
| 19 | 20 | 21 | 22 | 23 | 24 | 25 |
| 26 | 27 | 28 | 29 | 30 | 31 |  |

**AUGUST**

| S | M | T | W | T | F | S |
|---|---|---|---|---|---|---|
|  |  |  |  |  |  | 1 |
| 2 | 3 | 4 | 5 | 6 | 7 | 8 |
| 9 | 10 | 11 | 12 | 13 | 14 | 15 |
| 16 | 17 | 18 | 19 | 20 | 21 | 22 |
| 23 | 24 | 25 | 26 | 27 | 28 | 29 |
| 30 | 31 |  |  |  |  |  |

| THURSDAY | FRIDAY | SATURDAY | NOTES |
|---|---|---|---|
| 2 | 3 | 4 <br> Independence Day | |
| 9 | 10 | 11 | |
| 16 | 17 | 18 | |
| 23 | 24 | 25 | |
| 30 | 31 | | |

# AUGUST 2026

| SUNDAY | MONDAY | TUESDAY | WEDNESDAY |
|---|---|---|---|
|  |  |  |  |
| 2 | 3 | 4 | 5 |
| 9 | 10 | 11 | 12 |
| 16 | 17 | 18 | 19 |
| 23 | 24 | 25 | 26 |
| 30 | 31 |  |  |

JULY

| S | M | T | W | T | F | S |
|---|---|---|---|---|---|---|
|  |  | 1 | 2 | 3 | 4 | 5 | 6 |
| 7 | 8 | 9 | 10 | 11 | 12 | 13 |
| 14 | 15 | 16 | 17 | 18 | 19 | 20 |
| 21 | 22 | 23 | 24 | 25 | 26 | 27 |
| 28 | 29 | 30 | 31 |  |  |  |

AUGUST

| S | M | T | W | T | F | S |
|---|---|---|---|---|---|---|
|  |  |  |  |  |  | 1 |
| 2 | 3 | 4 | 5 | 6 | 7 | 8 |
| 9 | 10 | 11 | 12 | 13 | 14 | 15 |
| 16 | 17 | 18 | 19 | 20 | 21 | 22 |
| 23 | 24 | 25 | 26 | 27 | 28 | 29 |
| 30 | 31 |  |  |  |  |  |

|  |  | 1 |  |
| 6 | 7 | 8 |  |
| 13 | 14 | 15 |  |
| 20 | 21 | 22 |  |
| 27 | 28 | 29 |  |

# SEPTEMBER 2026

| SUNDAY | MONDAY | TUESDAY | WEDNESDAY |
|---|---|---|---|
|  |  | 1 | 2 |
| 6 | 7<br><br>Labor Day | 8 | 9 |
| 13 | 14 | 15 | 16 |
| 20 | 21 | 22 | 23 |
| 27 | 28 | 29 | 30 |

**AUGUST**

| S | M | T | W | T | F | S |
|---|---|---|---|---|---|---|
|  |  |  |  |  |  | 1 |
| 2 | 3 | 4 | 5 | 6 | 7 | 8 |
| 9 | 10 | 11 | 12 | 13 | 14 | 15 |
| 16 | 17 | 18 | 19 | 20 | 21 | 22 |
| 23 | 24 | 25 | 26 | 27 | 28 | 29 |
| 30 | 31 |  |  |  |  |  |

**SEPTEMBER**

| S | M | T | W | T | F | S |
|---|---|---|---|---|---|---|
|  |  | 1 | 2 | 3 | 4 | 5 |
| 6 | 7 | 8 | 9 | 10 | 11 | 12 |
| 13 | 14 | 15 | 16 | 17 | 18 | 19 |
| 20 | 21 | 22 | 23 | 24 | 25 | 26 |
| 27 | 28 | 29 | 30 |  |  |  |

**OCTOBER**

| S | M | T | W | T | F | S |
|---|---|---|---|---|---|---|
|  |  |  |  | 1 | 2 | 3 |
| 4 | 5 | 6 | 7 | 8 | 9 | 10 |
| 11 | 12 | 13 | 14 | 15 | 16 | 17 |
| 18 | 19 | 20 | 21 | 22 | 23 | 24 |
| 25 | 26 | 27 | 28 | 29 | 30 | 31 |

| THURSDAY | FRIDAY | SATURDAY | NOTES |
|---|---|---|---|
| 3 | 4 | 5 | |
| 10 | 11 | 12 | |
| 17 | 18 | 19 | |
| 24 | 25 | 26 | |

# OCTOBER 2026

| SUNDAY | MONDAY | TUESDAY | WEDNESDAY |
|---|---|---|---|
|  |  |  |  |
| 4 | 5 | 6 | 7 |
| 11 | 12 | 13 | 14 |
| 18 | 19 | 20 | 21 |
| 25 | 26 | 27 | 28 |

**SEPTEMBER**

| S | M | T | W | T | F | S |
|---|---|---|---|---|---|---|
|  |  | 1 | 2 | 3 | 4 | 5 |
| 6 | 7 | 8 | 9 | 10 | 11 | 12 |
| 13 | 14 | 15 | 16 | 17 | 18 | 19 |
| 20 | 21 | 22 | 23 | 24 | 25 | 26 |
| 27 | 28 | 29 | 30 |  |  |  |

**OCTOBER**

| S | M | T | W | T | F | S |
|---|---|---|---|---|---|---|
|  |  |  |  | 1 | 2 | 3 |
| 4 | 5 | 6 | 7 | 8 | 9 | 10 |
| 11 | 12 | 13 | 14 | 15 | 16 | 17 |
| 18 | 19 | 20 | 21 | 22 | 23 | 24 |
| 25 | 26 | 27 | 28 | 29 | 30 | 31 |

**NOVEMBER**

| S | M | T | W | T | F | S |
|---|---|---|---|---|---|---|
| 1 | 2 | 3 | 4 | 5 | 6 | 7 |
| 8 | 9 | 10 | 11 | 12 | 13 | 14 |
| 15 | 16 | 17 | 18 | 19 | 20 | 21 |
| 22 | 23 | 24 | 25 | 26 | 27 | 28 |
| 29 | 30 |  |  |  |  |  |

| THURSDAY | FRIDAY | SATURDAY | NOTES |
| --- | --- | --- | --- |
| 1 | 2 | 3 | |
| 8 | 9 | 10 | |
| 15 | 16 | 17 | |
| 22 | 23 | 24 | |
| 29 | 30 | 31 | |
| ☐ | ☐ | ☐ | |
| ☐ | ☐ | ☐ | |
| ☐ | ☐ | ☐ | |
| ☐ | ☐ | ☐ | |
| ☐ | ☐ | ☐ | |

# NOVEMBER 2026

| SUNDAY | MONDAY | TUESDAY | WEDNESDAY |
|---|---|---|---|
| 1 | 2 | 3 | 4 |
| 8 | 9 | 10 | 11<br>Veterans Day |
| 15 | 16 | 17 | 18 |
| 22 | 23 | 24 | 25 |
| 29 | 30 | | |

**OCTOBER**

| S | M | T | W | T | F | S |
|---|---|---|---|---|---|---|
| | | | | 1 | 2 | 3 |
| 4 | 5 | 6 | 7 | 8 | 9 | 10 |
| 11 | 12 | 13 | 14 | 15 | 16 | 17 |
| 18 | 19 | 20 | 21 | 22 | 23 | 24 |
| 25 | 26 | 27 | 28 | 29 | 30 | 31 |

**NOVEMBER**

| S | M | T | W | T | F | S |
|---|---|---|---|---|---|---|
| 1 | 2 | 3 | 4 | 5 | 6 | 7 |
| 8 | 9 | 10 | 11 | 12 | 13 | 14 |
| 15 | 16 | 17 | 18 | 19 | 20 | 21 |
| 22 | 23 | 24 | 25 | 26 | 27 | 28 |
| 29 | 30 | | | | | |

**DECEMBER**

| S | M | T | W | T | F | S |
|---|---|---|---|---|---|---|
| | | 1 | 2 | 3 | 4 | 5 |
| 6 | 7 | 8 | 9 | 10 | 11 | 12 |
| 13 | 14 | 15 | 16 | 17 | 18 | 19 |
| 20 | 21 | 22 | 23 | 24 | 25 | 26 |
| 27 | 28 | 29 | 30 | 31 | | |

| THURSDAY | FRIDAY | SATURDAY | NOTES |
|---|---|---|---|
| 5 | 6 | 7 | |
| 12 | 13 | 14 | |
| 19 | 20 | 21 | |
| 26 Thanksgiving Day | 27 | 28 | |

# DECEMBER 2026



| SUNDAY | MONDAY | TUESDAY | WEDNESDAY |
|---|---|---|---|
|  |  | 1 | 2 |
| 6 | 7 | 8 | 9 |
| 13 | 14 | 15 | 16 |
| 20 | 21 | 22 | 23 |
| 27 | 28 | 29 | 30 |

**NOVEMBER**

| S | M | T | W | T | F | S |
|---|---|---|---|---|---|---|
| 1 | 2 | 3 | 4 | 5 | 6 | 7 |
| 8 | 9 | 10 | 11 | 12 | 13 | 14 |
| 15 | 16 | 17 | 18 | 19 | 20 | 21 |
| 22 | 23 | 24 | 25 | 26 | 27 | 28 |
| 29 | 30 |  |  |  |  |  |

**DECEMBER**

| S | M | T | W | T | F | S |
|---|---|---|---|---|---|---|
|  |  | 1 | 2 | 3 | 4 | 5 |
| 6 | 7 | 8 | 9 | 10 | 11 | 12 |
| 13 | 14 | 15 | 16 | 17 | 18 | 19 |
| 20 | 21 | 22 | 23 | 24 | 25 | 26 |
| 27 | 28 | 29 | 30 | 31 |  |  |

**JANUARY 2027**

| S | M | T | W | T | F | S |
|---|---|---|---|---|---|---|
|  |  |  |  |  | 1 | 2 |
| 3 | 4 | 5 | 6 | 7 | 8 | 9 |
| 10 | 11 | 12 | 13 | 14 | 15 | 16 |
| 17 | 18 | 19 | 20 | 21 | 22 | 23 |
| 24 | 25 | 26 | 27 | 28 | 29 | 30 |
| 31 |  |  |  |  |  |  |

| THURSDAY | FRIDAY | SATURDAY | NOTES |
|---|---|---|---|
| 3 | 4 | 5 | |
| 10 | 11 | 12 | |
| 17 | 18 | 19 | |
| 24 | 25 | 26 | |
| 31 | | | |

Christmas Day

# Important Dates

| JANUARY | FEBRUARY | MARCH | APRIL |
| --- | --- | --- | --- |

| MAY | JUNE | JULY | AUGUST |
| --- | --- | --- | --- |

| SEPTEMBER | OCTOBER | NOVEMBER | DECEMBER |
| --- | --- | --- | --- |

| Name & Address | Phone & Fax | Name & Address | Phone & Fax |
| --- | --- | --- | --- |
| | | | |

| Name & Address | Phone & Fax | Name & Address | Phone & Fax |
| --- | --- | --- | --- |
| | | | |

| Name & Address | Phone & Fax | Name & Address | Phone & Fax |
| --- | --- | --- | --- |
|  |  |  |  |

# Expense Tracker

| | January | February | March | April | May | June |
|---|---|---|---|---|---|---|
| **Fixed Expenses** | | | | | | |
| Mortgage/Rent | | | | | | |
| Utilities | | | | | | |
| | | | | | | |
| | | | | | | |
| | | | | | | |
| | | | | | | |
| | | | | | | |
| | | | | | | |
| | | | | | | |
| | | | | | | |
| Total | | | | | | |

| | January | February | March | April | May | June |
|---|---|---|---|---|---|---|
| **Other Expenses** | | | | | | |
| | | | | | | |
| | | | | | | |
| | | | | | | |
| | | | | | | |
| | | | | | | |
| | | | | | | |
| | | | | | | |
| | | | | | | |
| | | | | | | |
| | | | | | | |
| | | | | | | |
| Total | | | | | | |
| Total Expenses | | | | | | |

| | January | February | March | April | May | June |
|---|---|---|---|---|---|---|
| **Income** | | | | | | |
| | | | | | | |
| | | | | | | |
| | | | | | | |
| Total Income | | | | | | |

| | January | February | March | April | May | June |
|---|---|---|---|---|---|---|
| **Savings** | | | | | | |
| | | | | | | |
| | | | | | | |
| | | | | | | |
| Total Savings | | | | | | |

# Expense Tracker

| July | August | September | October | November | December | YTD Total |
| --- | --- | --- | --- | --- | --- | --- |
|  |  |  |  |  |  |  |

# Expense Tracker

| | January | February | March | April | May | June |
|---|---|---|---|---|---|---|
| **Fixed Expenses** | | | | | | |
| Mortgage/Rent | | | | | | |
| Utilities | | | | | | |
| | | | | | | |
| | | | | | | |
| | | | | | | |
| | | | | | | |
| | | | | | | |
| | | | | | | |
| | | | | | | |
| Total | | | | | | |

| | January | February | March | April | May | June |
|---|---|---|---|---|---|---|
| **Other Expenses** | | | | | | |
| | | | | | | |
| | | | | | | |
| | | | | | | |
| | | | | | | |
| | | | | | | |
| | | | | | | |
| | | | | | | |
| | | | | | | |
| | | | | | | |
| | | | | | | |
| Total | | | | | | |
| Total Expenses | | | | | | |

| | January | February | March | April | May | June |
|---|---|---|---|---|---|---|
| **Income** | | | | | | |
| | | | | | | |
| | | | | | | |
| | | | | | | |
| Total Income | | | | | | |

| | January | February | March | April | May | June |
|---|---|---|---|---|---|---|
| **Savings** | | | | | | |
| | | | | | | |
| | | | | | | |
| Total Savings | | | | | | |

# Expense Tracker

| July | August | September | October | November | December | YTD Total |
| --- | --- | --- | --- | --- | --- | --- |
|  |  |  |  |  |  |  |

# Expense Tracker

| | January | February | March | April | May | June |
|---|---|---|---|---|---|---|
| **Fixed Expenses** | | | | | | |
| Mortgage/Rent | | | | | | |
| Utilities | | | | | | |
| | | | | | | |
| | | | | | | |
| | | | | | | |
| | | | | | | |
| | | | | | | |
| | | | | | | |
| | | | | | | |
| | | | | | | |
| Total | | | | | | |

| | January | February | March | April | May | June |
|---|---|---|---|---|---|---|
| **Other Expenses** | | | | | | |
| | | | | | | |
| | | | | | | |
| | | | | | | |
| | | | | | | |
| | | | | | | |
| | | | | | | |
| | | | | | | |
| | | | | | | |
| | | | | | | |
| | | | | | | |
| | | | | | | |
| Total | | | | | | |
| **Total Expenses** | | | | | | |

| | January | February | March | April | May | June |
|---|---|---|---|---|---|---|
| **Income** | | | | | | |
| | | | | | | |
| | | | | | | |
| | | | | | | |
| | | | | | | |
| **Total Income** | | | | | | |

| | January | February | March | April | May | June |
|---|---|---|---|---|---|---|
| **Savings** | | | | | | |
| | | | | | | |
| | | | | | | |
| | | | | | | |
| **Total Savings** | | | | | | |

# Expense Tracker

| July | August | September | October | November | December | YTD Total |
| --- | --- | --- | --- | --- | --- | --- |
| | | | | | | |

# Expense Tracker

|  | January | February | March | April | May | June |
|---|---|---|---|---|---|---|
| **Fixed Expenses** |  |  |  |  |  |  |
| Mortgage/Rent |  |  |  |  |  |  |
| Utilities |  |  |  |  |  |  |
|  |  |  |  |  |  |  |
|  |  |  |  |  |  |  |
|  |  |  |  |  |  |  |
|  |  |  |  |  |  |  |
|  |  |  |  |  |  |  |
|  |  |  |  |  |  |  |
|  |  |  |  |  |  |  |
|  |  |  |  |  |  |  |
| Total |  |  |  |  |  |  |

| **Other Expenses** |  |  |  |  |  |  |
|---|---|---|---|---|---|---|
|  |  |  |  |  |  |  |
|  |  |  |  |  |  |  |
|  |  |  |  |  |  |  |
|  |  |  |  |  |  |  |
|  |  |  |  |  |  |  |
|  |  |  |  |  |  |  |
|  |  |  |  |  |  |  |
|  |  |  |  |  |  |  |
|  |  |  |  |  |  |  |
|  |  |  |  |  |  |  |
| Total |  |  |  |  |  |  |
| **Total Expenses** |  |  |  |  |  |  |

| **Income** |  |  |  |  |  |  |
|---|---|---|---|---|---|---|
|  |  |  |  |  |  |  |
|  |  |  |  |  |  |  |
|  |  |  |  |  |  |  |
|  |  |  |  |  |  |  |
| **Total Income** |  |  |  |  |  |  |

| **Savings** |  |  |  |  |  |  |
|---|---|---|---|---|---|---|
|  |  |  |  |  |  |  |
|  |  |  |  |  |  |  |
|  |  |  |  |  |  |  |
| **Total Savings** |  |  |  |  |  |  |

# Expense Tracker

| July | August | September | October | November | December | YTD Total |
| --- | --- | --- | --- | --- | --- | --- |
|  |  |  |  |  |  |  |

# Expense Tracker

| | January | February | March | April | May | June |
|---|---|---|---|---|---|---|
| **Fixed Expenses** | | | | | | |
| Mortgage/Rent | | | | | | |
| Utilities | | | | | | |
| | | | | | | |
| | | | | | | |
| | | | | | | |
| | | | | | | |
| | | | | | | |
| | | | | | | |
| | | | | | | |
| | | | | | | |
| Total | | | | | | |
| **Other Expenses** | | | | | | |
| | | | | | | |
| | | | | | | |
| | | | | | | |
| | | | | | | |
| | | | | | | |
| | | | | | | |
| | | | | | | |
| | | | | | | |
| | | | | | | |
| | | | | | | |
| Total | | | | | | |
| Total Expenses | | | | | | |
| **Income** | | | | | | |
| | | | | | | |
| | | | | | | |
| | | | | | | |
| | | | | | | |
| Total Income | | | | | | |
| **Savings** | | | | | | |
| | | | | | | |
| | | | | | | |
| | | | | | | |
| Total Savings | | | | | | |

# Expense Tracker

| July | August | September | October | November | December | YTD Total |
| --- | --- | --- | --- | --- | --- | --- |
|  |  |  |  |  |  |  |
|  |  |  |  |  |  |  |
|  |  |  |  |  |  |  |
|  |  |  |  |  |  |  |
|  |  |  |  |  |  |  |
|  |  |  |  |  |  |  |
|  |  |  |  |  |  |  |
|  |  |  |  |  |  |  |
|  |  |  |  |  |  |  |
|  |  |  |  |  |  |  |

| July | August | September | October | November | December | YTD Total |
| --- | --- | --- | --- | --- | --- | --- |
|  |  |  |  |  |  |  |
|  |  |  |  |  |  |  |
|  |  |  |  |  |  |  |
|  |  |  |  |  |  |  |
|  |  |  |  |  |  |  |
|  |  |  |  |  |  |  |
|  |  |  |  |  |  |  |
|  |  |  |  |  |  |  |
|  |  |  |  |  |  |  |
|  |  |  |  |  |  |  |

www.ingramcontent.com/pod-product-compliance
Lightning Source LLC
Chambersburg PA
CBHW081300090726
47818CB00079B/198